이 세상에서 가장 멋진
'나'라는 브랜드의 시작을 응원드립니다.

100명의 1인기업가를 만든

SNS
퍼스널
브랜딩
비법

100명의 1인기업가를 만든

SNS 퍼스널 브랜딩 비법

1판 1쇄 펴낸날 2023년 4월 24일

지은이 최은희

펴낸이 나성원
펴낸곳 나비의활주로

책임편집 김정웅
디자인 BIG WAVE

주소 서울시 성북구 아리랑로19길 86
전화 070-7643-7272
팩스 02-6499-0595
전자우편 butterflyrun@naver.com
출판등록 제2010-000138호
상표등록 제40-1362154호
ISBN 979-11-90865-96-8 03320

100명의 1인기업가를 만든

SNS 퍼스널 브랜딩 비법

최은희 지음

나비의 활주로

퍼스널 브랜딩,
이제 내 이름으로 사는 삶이 시작된다

'단군 이래 가장 돈 벌기 좋은 시대'라고 하는데, 왜 내 삶은 나아지지 않을까? 온라인을 통해 영향력을 높여가는 수많은 개인이 경제적인 부를 이루어가는 시대. 열심히 살지만 뚜렷한 성과를 내고 있지 못하거나, 자신이 하고 싶은 일은 있지만 시작이 두려운 분들을 위해 이 책을 쓰게 되었습니다. 사실 저도 그랬습니다. 16년간 일했던 직장을 퇴사하고 나왔을 때, 지금까지 열심히 살아온 것이 덧없게 느껴졌습니다. 무엇을 해야 할지 막막한 상황에서 다음과 같은 질문을 떠올렸습니다.

'좋아하는 일을 하며, 경제적으로 풍요로운 삶을 살려면 어떻게 해야 할까?' 바로 이 질문이 지금의 저를 만들었습니다. 회사를 그만두고 지금까지 살아온 제 삶을 돌아보며 2가지 특별한 경험을 발견하게 됩니다. 첫 번째는 광고 없이 소비자의 참여와 온라인 마케팅만으로 하루 매출 1억 원을 냈던 경험이었고, 두 번째는 200명이 넘는 전업주부들을 인플루언서로 양성해, 그들의 퍼스널 브랜딩을 도운 경험이었습니다.

그 경험을 토대로 열심히만 살아왔던 사람들에게 필요한 '퍼스널 브랜딩' 관련 일을 해야겠다고 결심하게 됩니다. 그리고 '세상에 나를 알리는 시간'의 약자인 세나시 브랜딩 스쿨을 런칭해 사람들을 브랜드로 만드는 일을 시작하였습니다. 사람들은 '1인 기업 퍼스널 브랜딩 과정'을 통해 진정한 자신을 발견하고, 자신이 원하는 모습을 브랜드 콘셉트로 정의하며, 자신감 넘치는 존재로 변화하였습니다. 분명해진 자신에게 분명한 고객들이 찾아오는 경험을 통해 '나도 할 수 있다. 더 잘하고 싶다.'라는 용기와 확신을 얻는 모습을 보는 일은 경이로웠습니다.

'저는 특별한 게 없는데 퍼스널 브랜딩이 가능할까요?'

20년간 직장생활을 하다 퇴사했는데, 자신은 특별한 게 없다며 무엇을 어떻게 시작할지 막막했던 40대 퇴직자는, 퍼스널 브랜딩을 통해 자신만의 특별함과 강점을 발견하고, 지금은 라이프코치 분야의 롤모델로 활동하고 있습니다. - 직장 퇴사자

'퇴직 후의 삶이 두려워요. 무엇을 준비해야 할까요?'

가장으로서 퇴직 후의 삶이 두려웠던 직장인, 퍼스널 브랜딩을 통해 100세 시대에 나이 들어서까지 일할 수 있는 자신만의 특화된 일을 정의하고, 온라인을 통해 많은 강의와 컨설팅 요청을 받으며 두려움 없는 은퇴를 맞이하고 있습니다. - 직장인

'온라인을 해야 하는 것은 알지만, 무엇을 어떻게 해야 할지 모르겠어요.'

오프라인을 통해 바쁘게 일해 왔지만, 온라인 활용법을 몰라 시너지를

내지 못했던 자영업자는 SNS 퍼스널 브랜딩을 통해, 고객이 찾아오는 루트를 만들어, 매월 새로운 매출 목표를 갱신하고 있습니다. - 자영업자

'누구의 엄마 말고, 내 이름으로 일을 시작하고 싶어요.'

아이들이 크고 이제 자신의 일을 시작하고 싶었던 전업주부는, 퍼스널 브랜딩을 통해 자신의 가슴 뛰는 일을 발견하고, 온라인상에 자신의 노력 과정을 기록함으로써, 놀라운 기회를 맞이해 신나게 자신의 일을 하고 있습니다. - 전업주부

저 또한 퇴사 후 '공감마케터'라는 퍼스널 브랜드를 통해, 누군가의 선택에 좌우되었던 타임푸어 워킹맘에서, 제가 좋아하는 일을 하며 풍요로운 삶을 사는 1인 기업가의 삶을 살 수 있게 되었습니다.

이 책의 목표는 단 한 가지, 바로 'SNS 퍼스널 브랜딩을 통해, 하고 싶은 일을 하며, 수익적 성과를 만드는 것'입니다. 16년의 기업 온라인 마케터 경험과 4년간 사람들의 퍼스널 브랜딩을 도와 온 경험을 토대로 만든 'SNS 퍼스널 브랜딩의 비법'을 이 책에 담았습니다.

SNS 퍼스널 브랜딩의 비법

1. 모든 것의 시작은 나로부터 〈자기 탐색 기법〉

자신을 들여다볼 시간 없이 바쁘게 살아온 많은 성인이 있습니다. 자기 탐색을 해 볼 수 있는 몇 가지 미션을 통해, 자신을 알아가는 시간과

함께 자신이 원하는 일을 정의합니다.

2. 미친 자신감을 만드는 〈브랜드 콘셉트 도출 공식〉

브랜딩의 목표는 '사람들의 머릿속에 우리를 원하는 이미지로 인식시키는 것'입니다. 한마디로 자신이 원하는 모습을 분명한 콘셉트로 소개하기 위해, 명확하고 디테일한 콘셉트를 도출하는 공식을 공개합니다.

3. 사람들의 마음을 단숨에 사로잡는 〈브랜드 스토리 전략 수립법〉

강력한 브랜드를 만드는 최고의 도구는, '스토리'입니다. 당신의 브랜드를 누가 들어도 '아 그렇네, 맞다 맞아.'라며 사람들의 고개를 끄덕이게 만드는 장치, 당신의 브랜드 스토리를 설계하고 전략을 수립하는 방법을 소개합니다.

4. 24시간 나 대신 열심히 일하게 만드는 〈브랜드 콘텐츠 기획 비법〉

SNS 마케팅이 온라인 마케팅의 최고봉이 된 이유는, 바로 '콘텐츠'입니다. 사람들은 설득당하지 않으려는 방어기제가 있습니다. 하지만 콘텐츠는 광고로 여기지 않습니다. 당신이라는 사람의 가치를 알리는 데 효과적인 역할을 하는 브랜드 콘텐츠 기획 비법을 소개합니다.

5. 딱 한 번 배워 평생 써먹는 〈브랜드 SNS 전략 채널 운영 노하우〉

브랜드의 기획과 전략이 만들어진 후, 온라인상의 기회를 얻기 위해

당신에게 딱 맞는 SNS 전략 채널을 선정하게 됩니다. 그리고 해당 채널에 '나'라는 브랜드를 효과적으로 나타내기 위한 브랜딩 셋업 방법을 안내합니다. 또한 채널별 운영 핵심 노하우를 전수합니다.

이 책이 특별한 이유는 지난 4년간에 만들어진 수많은 사례, 즉 진정한 이야기와 결과들을 담고 있다는 것입니다.

'저는 특별한 게 없는데 퍼스널 브랜딩이 가능할까요?'
'나를 알리고 싶은데 무엇부터 해야 할지 모르겠어요.'
'새로운 일을 하고 싶은데 용기가 안 나요.'
'퇴사 후에 어떤 일을 해야 할지 모르겠어요.'
'온라인에 익숙하지 않은데 퍼스널 브랜딩이 가능할까요?'

위와 같은 질문을 가졌던 수많은 사람이 퍼스널 브랜딩으로 변화를 맞이했습니다. 직장 퇴사자, 프리랜서 강사, 전업주부, 직장인, 자영업자, 공무원, 심리상담사, 학원 원장, 학원 강사, 네트워크 사업자, 은퇴예정자, 에스테틱 실장, 스타트업 창업가 등 다양한 직종에서 자신이 원하는 일을 하며 수익적 성과를 내고 있습니다. 이제 여러분이 '나'라는 브랜드로 세상에 나의 이야기를 시작할 차례입니다. 이 책이 여러분이 원하는 일의 모습을 정의하고, 좋아하는 일을 하며 수익적 성과를 내도록 단계별로 도와드릴 것입니다.

각 파트 하나하나 모두 지난 20년간 제가 실제 경험하고 결과를 만든 사례들로 채웠습니다. 고가의 수업으로 진행했던 내용을 왜 알려 주냐며 의아해하는 분도 있을 겁니다. 퍼스널 브랜딩 과정을 마치고 브랜드 콘셉트 발표회를 할 때 저는 삶의 충만감을 느꼈고, 사람들의 자신감과 희망, 환희를 보았습니다. 사람들이 자신이 정말로 원하는 삶을 분명히 하고, 그 모습이 되고자 걸어갈 수 있도록 도움 주는 일이 제 삶에 얼마나 큰 기쁨이자 보람인지 깨닫게 되었습니다.

저처럼 열심히만 일해 왔던 많은 사람들이 SNS를 활용한 퍼스널 브랜딩의 기회를 꼭 만났으면 합니다. 자신이 정말로 원하는 일과 삶을 분명하게 그리고 싶은 분, 온라인 마케팅을 제대로 알고 비즈니스에 적용하고 싶은 분, 변화를 원하지만 용기 내어 시작이 어려우신 분에게 이 책을 드립니다. 이 책을 통해 여러분이 '진정으로 원하는 삶을 현실로 만드는 퍼스널 브랜딩'을 꼭 시작하셨으면 합니다.

이 책을 쓰기까지 지원해준 사랑하는 남편과 세상의 보물 아인이와 아정이, 무한 사랑 주시는 부모님, 원고를 가장 먼저 읽어준 친구 은주, 김정웅 편집장님과 나성원 대표님 그리고 누구보다 특히 이 책의 주인공들인 1인 기업 대표님들께 감사의 마음을 전합니다. 마지막으로 평범하지만 열심히 살아온 이 시대의 성인들이 자신이 진정으로 원하는 삶을 힘있게 살아가는 데 이 책이 큰 도움이 되었으면 합니다.

"나 최은희는 나라는 브랜드로 창업을 꿈꾸는 사람들의 브랜드 비즈니스의 성공을 돕기 위해 존재한다."

공감마케터 **최은희** 올림

"평범한 사람을 비범하게 만드는 비결은 무엇일까?"라는 질문을 던진다면 단연코 "정체성"의 차별화라고 말합니다. 이 책에서는 그 어렵고 복잡한 자기정체성을 단순하게 풀어내어 일과 사업에 적용함으로써 기대 이상의 시너지를 제시합니다. 혼자 외치는 공허한 퍼스널 브랜드는 이제 그만! 현실적으로 SNS상에서의 가시적인 성과를 최은희 대표를 통해 보게 될 것입니다. 일과 삶을 하나의 비범한 브랜드로 만들고 싶은 1인 기업들에게 강력히 추천합니다.

김형환 1인 기업 국민멘토/스타트경영캠퍼스

21세기 전 산업 분야를 선도하는 디지털의 장점은 한마디로 개인화에 귀결되고 있다. 규모의 경제에 숨겨진 1인 기업이나 퍼스널 브랜드에 개인화 현상은 지대한 영향을 미치고 있다. 아울러 SNS는 개인과의 관계 피로도를 줄이고 효율적인 커뮤니케이션 도구로 적절히 사용되어 오고 있다. 퍼스널 브랜드 영역과 SNS 분야의 강의와 컨설팅에 두각을 나타내고 있는 최은희 대표의 심도 있는 접근은 1인 기업은 물론 동종 분야 전문가들에게 새로운 충격을 줄 것이라 예측한다.

맹명관 마케팅스페셜리스트, 『스타벅스의 미래』 저자

'퍼스널 브랜딩'의 시대가 도래했다. 많은 이들이 이야기하지만, 실사례를 중심으로 구체적인 방법론을 제시하는 책은 전무한 편이다. 16년간 기업에서 인플루언서를 양성하며 마케팅을 담당해 온 최은희 대표는 디지털상에서 개인을 브랜딩하는 방법을 놀랍도록 통찰력 있게 꿰뚫고 있다. 이 책은 디지털상에 자신을 어떻게 효과적으로 브랜딩할 수 있는지, 어떻게 1인 기업가로 성공할 수 있는지 고민하는 사람들에게 각별히 유익한 지침서가 될 것이다.

조창환 연세대학교 언론홍보대학원장

현장 경험은 늘 소중하다. 공감마케터 최은희 대표는 16년간 현업에서 소셜마케팅 팀장으로 업무를 하였고, 독립하여 스스로를 퍼스널 브랜딩하여 수익을 창출하고, 더 나아가 다른 사람의 퍼스널 브랜딩을 돕고 있다. 결과로 말하는 사람들의 내공은 대단하다. 이 책 한 권으로 그녀가 가진 20여 년의 퍼스널 브랜딩의 노하우를 배울 수 있다면 이 책을 보지 않을 이유가 있을까? 고민하지 말고 이 책을 얼른 펼쳐 보길 적극 추천한다.

정진수 SNS 국가대표, 『1등은 당신처럼 SNS 하지 않는다』 저자

SNS에 퍼포먼스를 내고 좋은 반응을 얻어내는 소셜퍼포먼스 리뷰 능력이 대학 졸업장보다 낫다는 말이 있다. 평생직장이 아닌 평생직업의 시대에는 내가 누구이고, 무엇을 하고, 얼마나 잘하는지를 스스로 증명해야 한다. 온라인에서 나를 돋보이게 하는 SNS 퍼스널 브랜딩은 디지털 평판이 부를 좌우하는 시대에 누구나 반드시 배워야 할 필수 역량이 되었다. 이론보다 실전에 강한 브랜딩 기술을 배우고자 하는 사람에게 이 책을 추천한다. 1인 기업의 퍼스널 브랜딩을 도와 다양한 성공사례를 만든 최은희 저자의 신간 『100명의 1인기업가를 만든 SNS 퍼스널 브랜딩 비법』에 그 해답이 있기 때문이다.

조연심 『퍼스널브랜딩에도 공식이 있다』 저자

나도 퍼스널 브랜드가 될 수 있을까? 어떻게 퍼스널 브랜딩을 할 수 있을까? 이런 문제를 해결하는 가장 쉬운 방법은 퍼스널 브랜딩을 경험한 사람의 이야기를 듣고 그 노하우를 엿보는 것이다. 이 책은 바로 성공사례와 그 노하우를 밝히고 있다. 퍼스널 브랜딩을 하는 과정에서 겪었던 고민을 진솔하게 이야기해 준다. 그래서 울림이 더 크다. 그리고 노하우를 풀어내는 것으로 끝나는 게 아니라 어떻게 퍼스널 브랜딩을 하면 되는지 그 방법을 미션을 통해 친절하게 알려준다. 퍼스널 브랜딩은 열정만으로 되지 않는다. 이 책을 통해 고통스러운 퍼스널 브랜딩의 터널을 빠르게 통과할 수 있을 것이다.

구자룡 밸류바인 대표/경영학박사, 『직장 없는 시대의 브랜딩』 『지금 당장 마케팅 공부하라』 저자이 책이 특별한 이유는 최은희 대표가 오랜 직장생활을 마치고, 스스로의 퍼스널 브랜딩 과정을 통해 자신이 좋아하는 일을 하면서 수익을 낼 수 있다는 것을 직접 보여주었기 때문이다. 또한 그녀는 자신의 경험을 바탕으로 1인 기업가들의 강점을 찾아내어 브랜드 스토리와 전략을 만들어 주는 데 비범한 능력을 갖추었다. 삶의 변화를 꿈꾸는 사람들이 이 매력적인 책을 만난다면 세상에 나를 알릴 수 있는 용기와 자신감을 얻을 수 있다. 많은 분들이 이 책을 통해 퍼스널 브랜딩의 힘을 얻어 자신의 가치를 높이기를 바란다.

팽정은 한국퍼스널이미지브랜딩협회 협회장/Byher 대표

일과 삶에서 진정한 독립을 원한다면 공감마케터의 퍼스널 브랜딩으로 시작하세요. **명함 속에 가려진 내가 아닌, 진짜 내 이름을 찾아가는 여정**을 만나실 것입니다.

퍼브1기 **나영주**

진짜 나'를 찾아 인생의 사명을 만들고자 하는 분들에게 공감마케터 최은희의 『SNS 퍼스널 브랜딩 비법』을 추천합니다.

퍼브1기 **백미정**

퍼스널 브랜딩을 통해 나를 제대로 들여다볼 수 있었습니다. **복잡하게 살아가고 있던 저의 삶을, 단순화시켜준 고마운 시간**이었습니다.

퍼브1기 **최소은**

처음 제 일을 시작했을 때, 두려움이 컸습니다. 최은희 대표님을 만나 나라는 브랜드 무기를 만들고 전략을 세우며 **나의 사업을 일으키는 강력한 힘**을 얻었습니다. 여러분도 이 책에서 그 힘을 꼭 발견하시기를 기대합니다.

퍼브2기 **권미주**

퍼스널 브랜딩 이후 **저에 대한 신뢰도와 인지도가 높아지면서, 몸값이 상승하게 되었습니다.** 결과물이 확실히 만들어지는 공감마케터의 퍼스널 브랜딩을 강력 추천합니다.

퍼브2기 **권수일**

자신의 브랜드 네임을 갖기 원하며, **세상에 나를 알릴 기회가 되는 행운을 얻고 싶다면** 이 책을 권합니다.

퍼브2기 **최덕분**

세상에 나를 알리는 퍼스널 브랜딩이 왜 필요한지 궁금한 분들이라면 이 책을 꼭 만나보길 바랍니다. **1인기업부터 스타트업까지 탁월한 브랜드 마케팅 솔루션**을 발견할 것입니다.

퍼브2기 **박경자**

명확하고 차별화된 퍼스널 브랜딩 콘셉트를 찾아내는 능력이 이만큼 탁월하신 분은 없다!

퍼브3기 **최영자**

나도 몰랐던 나를 발견하게 해준 공감마케터의 퍼스널 브랜딩, **세상에 나를 알리며 수익이 3배 이상 뛰었습니다.**

퍼브3기 **한효원**

공감마케터의 퍼스널 브랜딩은 **잊고 있었던 나를 일깨워 준 시간**이자, 내가 정말 원하는 **삶이 어떤 건지, 정말 하고 싶은 일이 무엇인지 깨닫게** 해주었습니다. 저의 가슴을 다시 설레게 만들었던 놀라운 시간이었습니다.

퍼브3기 **김형찬**

공감마케터의 퍼스널 브랜딩은 **내가 무엇을 하며, 어떻게 살아가고 싶은 사람인지 발견**하게 해주었고, **행동할 수 있는 힘**을 주었습니다. **하고 싶은 일은 있는데 망설이는 분**이라면, 적극 추천합니다.

퍼브3기 김라미

나 자신이 먼저 브랜드가 되고 나와의 연결고리로 나의 사업을 알리고 싶었습니다. 한 줄기 빛으로 다가온 퍼스널 브랜딩으로 **나의 가치를 찾고 사업적으로도 성장하는 결과**를 만들어냈습니다. 제2의 도약을 원하시는 분이라면 이 책을 놓치지 마시기 바랍니다.

퍼브3기 천미연

세상으로 나아가기 위한 용기가 필요하다면 그 첫걸음으로 이 책을 추천합니다.

퍼브4기 황은주

내 생애 첫 에스테틱 사업을 앞두었을 때 퍼스널 브랜딩을 통해 나라는 브랜드 스토리와 비전을 명확히 세웠습니다. **덕분에 샵 브랜드도 명확해지면서** 2호점, 3호점까지 확장하는 기적이 일어났습니다.

퍼브4기 최민숙

퇴사 후 나 자신에 대해 잘 모르고, 어디로 가야 할지 방향을 찾지 못할 때, 최은희 대표님을 만나 '나'라는 브랜드를 만들고, 온라인상에 검색되는 내가 되었습니다. 덕분에 **새로운 일을 하며 수익을 만들 수 있었습니다.**

퍼브4기 김유선

퍼스널 브랜딩 과정을 통해 내 삶을 돌아보고 내가 하고 싶은 일을 발견하였습니다. 현재는 내가 원하는 삶을 살고 있습니다. 더 많은 분들이 공감마케터의 퍼스널 브랜딩을 통해 **삶의 터닝포인트를 맞이하셨으면** 합니다.

퍼브4기 김자영

공감마케터의 퍼스널 브랜딩은 23년 차 직장인에서 **나만의 차별화된 비즈니스를 시작할 수 있게 큰 힘**을 주었습니다.

퍼브5기 **조미선**

20년 워킹맘으로 살며 나를 찾고 싶었지만 방법을 몰랐어요. **나를 찾고 구체적인 꿈을 꿀 수 있게 해준** 공감마케터의 퍼스널 브랜딩을 추천합니다.

퍼브5기 **이유미**

20년 직장 퇴사 후, **행동하지 못하고 있던 나를 힘 있게 행동하게 만든 퍼스널 브랜딩.** 지금도 나는 흔들림 없이 나아가고 있습니다.

퍼브5기 **심효연**

차별화된 나만의 강점을 찾고 특별한 나를 발견하는 시간이었습니다. 세상에 나를 알리기 위한 첫걸음을 내딛는 분들에게 적극 추천드립니다.

퍼브5기 **김지연**

개인의 강점 요소를 발견하고 브랜딩할 수 있도록 돕는 책, 현재의 삶에 만족하지 못하고 **변화를 원하는 당신이라면, 꼭 읽어야 할 필독서**이다.

퍼브6기 **진은영**

퍼스널 브랜딩의 A부터 Z까지 **단계별 솔루션을 따라 실행하며 결과를 만들 수 있습니다.**

퍼브6기 **강혜정**

세상에 나를 알리는 퍼스널 브랜딩, 마케팅 기술만이 아닌, **사람의 마음을 움직이는 퍼스널 브랜딩의 진면목**을 배울 수 있었습니다.

퍼브6기 **김유진**

최은희 대표님을 만나고 세상에 단 하나뿐인 나! only one으로 살아가는 것이 얼마나 가치 있는 일인지 깨달았습니다. **경험을 나누며 함께 성장하는 삶을 살게 해 준** 퍼스널 브랜딩 강력 추천합니다.

퍼브6기 김지혜

나다운 퍼스널 브랜드를 통해 세상에 도움 되는 일을 하며 살고자 한다면, 이 책을 추천한다.

퍼브8기 선학

나 자신을 발견하고, 내가 진정으로 돕고 싶은 고객을 정의하며, **그들을 어떻게 도우며 함께 성장해 갈 수 있는지 그 비법**을 알 수 있습니다.

퍼브8기 송철우

최은희 대표님이 만들어 주신 퍼스널 브랜드로 인해 **사업의 폭발적인 성장이 있었습니다.** 지금은 매일 바쁜 스케줄을 보내고 있습니다. **인생의 터닝포인트를 만들고 싶은 분들께** 퍼스널 브랜딩을 추천합니다.

퍼브8기 김진선

1인기업으로서 자신감과 열정이 부족할 때 공감마케터님의 퍼스널 브랜딩 과정을 통해 **자신감 넘치는 나로 변화할 수 있었어요.** 나를 알리는 방법을 터득하고, 내가 원하는 방향을 분명하게 하고 싶은 분들께 적극 추천드립니다.

퍼브8기 권기면

무엇을 할지 막막하고, 자신감이 부족한 사람들에게 꼭 추천해 주고 싶습니다.

퍼브10기 윤세련

망설임이 설렘이 되고, 막연한 꿈이 구체화되는 퍼스널 브랜딩의 매직. 꼭 경험해 보시길 바랍니다.

퍼브10기 **길경자**

ESG전문가로 세상에 **어떻게 나를 알릴까? 고민하고 있을 때,** 공감마케터 최은희 대표님을 만나 마침내 그 답을 찾을 수 있었습니다.

퍼브10기 **김창준**

수많은 학원 프랜차이즈 원장 중 하나였던 제가, **샤넬보다 값진 나만의 퍼스널 브랜드를** 갖게 되었습니다.

퍼브11기 **박귀홍**

CONTENTS

**사람들의 마음을 단숨에 사로잡는 마케팅 비밀병기
브랜드 스토리 최강 전략 수립법**

PART 4

**24시간 나 대신 열심히 일하게 만드는
브랜드 콘텐츠 기획 비법**

고가 강의에서 제공했던
SNS 퍼스널 브랜딩 미션 노트

브랜드 콘셉트 만들기

브랜드 스토리 만들기

브랜드 콘텐츠 만들기

브랜드 전략 채널 기획하기

SNS
PERSONAL
BRANDING

PART 1

열심히 일만 해 온
당신이 놓쳤던
퍼스널 브랜딩의 기회

출근하지 않고,
집에서 월 1,000만 원 번다

현재 저는 직장을 퇴사하고 완전히 자유로운 삶을 살고 있습니다. 여기서 자유란 '상황에 얽매이지 않고, 내가 모든 것을 선택하는 삶'을 말합니다. 제 하루는 모두 제가 선택한 기회로 가득 차 있습니다.

매일 아침 일어나 브랜드로 성장하기 위한 나만의 루틴을 실행합니다. 자기확언, 책 읽기, 글쓰기 등 하루의 루틴을 마치고, 충만한 에너지로 하루를 시작합니다.

거실로 나와 유튜브에 접속해 '눈뜨자마자 스트레칭' 영상을 보며 아침 스트레칭을 하고, 가벼운 아침 식사를 합니다. 그리고 다시 책상에 앉아 오늘 스케줄을 확인합니다. 그런 다음 하루의 성취문을 읽습니다. 미래에 이루고자 하는 것을 이미 성취했다고 상상하며 하루를 시작합니다.

이제 나의 커뮤니티인 세나시 카카오 오픈 톡방과 네이버 카페, 블로그, 인스타그램, 유튜브 등 온라인 채널에 올라온 댓글에 답글을 답니다.

커뮤니티 멤버들과 인사하며 새로운 하루를 힘차게 시작합니다. 오전 집중 업무를 합니다. 제가 운영하는 사업은 브랜드 마케팅 교육 사업인 '세나시 브랜딩 스쿨'과 여성 디지털 마케팅 전문가 매칭 플랫폼 '디지털 언니들'입니다. 하나는 교육, 또 하나는 플랫폼 사업입니다.

교육 사업에서는 지속적으로 지식을 쌓고 콘텐츠를 만들어 냅니다. 운영하는 온라인 유료 독서 모임에서는 함께 책을 읽고, 자신의 생각을 나누며, 지식을 더 분명하게 만듭니다. 책과 인터넷에서 얻은 자료들에 제 경험을 버무려 독자적인 콘텐츠를 만들어 냅니다. SNS를 활용한 브랜드 마케팅, 1인 지식창업 솔루션 등 제가 직접 경험하며 만들어가는 디지털 콘텐츠 덕분에 잠자는 동안에도 콘텐츠가 저 대신 열심히 일을 합니다.

또한 고객과의 소통을 통해 그들의 니즈를 발견하고 새로운 교육과 코

칭 프로그램을 기획합니다. 세나시 브랜딩 스쿨에서는 1인 기업의 브랜드 마케팅과 관련한 퍼스널 브랜딩, 글쓰기, 블로그, 인스타그램, SNS 디자인 등 다양한 강의가 운영되고 있습니다. 퍼스널 브랜딩 과정을 수료한 1인 기업가들은 자신만의 프로젝트를 세나시 브랜딩 스쿨에서 진행할 수 있습니다.

교육 사업과 플랫폼 사업 두 가지를 모두 해내려면 파트너가 필요합니다. 그래서 블로그 SNS 마케팅 코치, 퍼스널 브랜딩 코치 등 마케팅 전문가도 직접 양성합니다. 또는 1인 기업 대표님들과 파트너십으로 비즈니스를 진행합니다. 파트너들은 교육 사업 또는 플랫폼 서비스 사업 등에 투입되어 비즈니스를 함께하게 됩니다. 수익은 직접 강의 및 컨설팅 수익, 강의 운영 및 프로젝트 운영 수익, 유튜브와 네이버 온라인 채널 광고 수익, 탈잉과 같은 온라인 강의 수익, 플랫폼 비즈니스 수익 및 투자 수익 등 다양합니다.

★ 워커홀릭, 타임푸어 워킹맘

저는 이러한 삶의 변화를 맞이한 지 이제 4년 되었습니다. 4년 전 회사를 다닐 때 제 삶은 한마디로 '워커홀릭, 타임푸어 워킹맘'이었습니다. 지금은 여성들의 근무환경이 좋아졌지만 당시 제가 다녔던 회사는 '임신하면 잘리는 회사'였습니다. 전 호기롭게 출산휴가가 들어가기 전에 재택근무를 선언하고 '회사의 출산휴가 1호'가 되었습니다.

3개월 출산휴가를 마치고 회사에 복직하면서, 아이를 시어머님에게 맡기게 되었습니다. 돌이 지나면서는 시어머님 대신 이모님을 구하게 되었습니다. 출근 전 아이들이 일어나 울어대는 바람에 매일 아침 저는 도둑고양이처럼 조용히 집을 나섰습니다.

한번은 집에서 나와 엘리베이터를 타고 내려가 걸어가는데, 뒤에서 아이 목소리가 들렸습니다. 아이가 베란다에 나와 창살 사이로 얼굴을 내밀고 노래를 부르고 있었습니다. "엄마가 떠나가네, 엄마 보고 싶어, 엄마 사랑해요."라는 슬픈 노랫소리에, 저는 순간 그 자리에 주저앉아 펑펑 울었습니다. 아이한테 너무나 미안해서 어쩔 줄 몰랐습니다.

당시 제가 다닌 회사는 8시 출근이었고, 퇴근은 항상 늦었습니다. 아침 일찍 나가 밤늦게 들어오느라, 아이들과 많은 시간을 보낼 수 없었습니다. 주말에도 가족과 온전히 보낼 수 없었습니다. 저는 온라인 영업팀장이었기에 매달 쇼핑몰 영업 매출을 달성하기 위해 주말 출근을 자처했습니다. 항상 제 삶에는 여유가 없었습니다.

일에 있어서는 뭐든지 완벽하게 해내야 한다는 강박관념이 있었습니

다. 그만큼 인정받으며 열심히 일했고, 제가 맡은 온라인 영업팀은 10년간 매년 우상향 매출 그래프를 그릴 수 있었습니다.

그러던 어느 날 본부장님이 새로 오셨습니다. 이분과 이야기하면 이상하게 위축되는 느낌이 있었습니다. 저를 탐탁지 않게 여기는 느낌이었습니다. 여자의 직감은 탁월합니다. 아니나 다를까 그녀는 헤드헌터를 통해 새로운 온라인 영업팀장을 스카우트해 왔습니다. 맨바닥에서 10년 넘게 나의 사업이라고 생각하고 키워온 온라인 영업팀의 팀장 자리를 다른 이에게 준다는 것은 자존심이 상할 뿐만 아니라, 배신당한 느낌이었습니다. 하지만 이는 전화위복이 돼 저는 더 좋은 회사로 이직하게 되었습니다. 아마 그 일이 있지 않았다면 저는 여전히 그 회사에서 열심히 일하고 있었을지 모릅니다.

두 번째 직장에서도 제 삶은 똑같았습니다. 이번에는 소셜마케팅 팀장으로, 기업의 모든 SNS 채널들을 구축하며 B2C 마케팅에 몰입해 고군분투하며 일했습니다. 저는 제 일을 너무 사랑했습니다. 그리고 소비자와 소통하고 그들의 참여를 이끌어내 마케팅 성과를 만드는 일에 보람을 느꼈습니다. 하지만 이곳에서도 언제나 조직개편이 되면, 공들여 쌓아온 탑들을 무너뜨리고 다시 세우는 일들을 하게 되었습니다. 결정의 주체권은 다른 누군가에게 있었습니다.

저는 주체적이지 못한 삶을 사는 데 더 이상 시간을 허비하고 싶지 않았습니다. 그렇게 16년 차가 되었을 때 퇴직원을 내고 독립하게 되었습니다. 이런 용기는 하루아침에 생긴 것이 아니었습니다. 오랜 직장생활을 해오며 제가 정말로 원하는 삶의 모습이 점점 더 분명해졌습니다. 그때의 그 결정이 지금의 제 모습을 만들었습니다.

★ 이것이 가능해진 이유

모든 스케줄은 제가 정합니다. 아이와 시간을 보낼지, 일을 할지, 집에 있을지, 여행을 가서 일을 할지 말입니다. 줌을 통해 온라인으로 비즈니스 파트너와 언제든 미팅을 할 수 있고, 고객에게 필요한 것이라면 언제든지 기획해서 제공해 줄 수 있습니다. 나에게 필요한 독서 모임, 글쓰기 모임을 할 수 있고, 점심 먹고 1시간 헬스장에서 러닝머신을 할지, 이웃집 엄마와 수다 타임을 가질지도 모두 제가 정할 수 있습니다.

이러한 삶이 가능한 이유는, 언제 어디서 무엇을 하든 온라인에서 '퍼스널 브랜딩'으로 끊임없이 검색되고, 돈을 벌 수 있는 기회로 연결되기 때문입니다. 온라인 콘텐츠는 저를 전문가로 세상에 알립니다. 사람들은 이미 저에 대한 신뢰감을 갖고 저를 찾아옵니다. 저는 그들의 문제를 해결하며 감동을 선사하면 됩니다.

이것은 저에게만 가능한 일이 아닙니다. 누구든 세상에 자신을 알릴 명확한 콘셉트를 정립하고, 퍼스널 브랜딩을 시작하면 가능합니다. 브랜드 콘셉트 안에는 여러분의 타깃 고객과 그들에게 줄 혜택들이 모두 정의되어 있습니다. 여러분은 타깃 고객을 사랑하는 마음으로 그들이 어떤 삶을 사는지, 무엇에 어려움을 겪고 있는지 느끼고, 그들을 도울 솔루션을 만들고, 그 과정을 온라인상에 콘텐츠로 발행하기만 하면 됩니다.

　　누군가의 결정에 좌우되는 삶에서 벗어나 일과 삶의 주인이 되어 완전
히 자유롭게 살 수 있는 가능성의 삶. 바로 디지털 퍼스널 브랜딩이 여러
분에게도 그것을 가능하게 해 줄 것입니다.

전업주부를 BMW 타는
인플루언서로 만든 비결

제가 퍼스널 브랜딩 개념을 알게 된 것은 두 번째 직장에서 소셜마케팅 팀장으로 일하면서였습니다. 직장에서 맡은 업무는 친환경 페인트 B2C 마케팅이었습니다. 저는 SNS와 소비자를 활용했습니다. 그중 소비자 서 포터즈 마케팅의 일환으로 '리빙 작가'를 기획했습니다. (저의 첫 책『여성 소 셜 마케팅으로 시작하라』에 광고 없이 여성 소비자와 SNS만을 활용해 마케팅 성과를 냈 던 방법이 담겨 있습니다.) 리빙작가 1기 중에는 '유독스토리'라는 닉네임으 로 활동하는 멤버가 있었습니다. 그녀는 신생아를 키우는 전업주부였습 니다. 블로그를 운영한 지는 얼마 안 되었지만, 집 꾸미기에 관심이 많아 보여 리빙작가 1기로 선발했습니다.

브랜드 서포터즈는 친환경 페인트로 집을 예쁘게 꾸미는 이야기를 콘 텐츠로 발행해 브랜드를 홍보하는 역할을 했습니다. 이 활동으로 그녀는 평상시 관심 가졌던 친환경 페인트에 대해 하나씩 알아갔습니다. 페인트의 종류, 페인트 선택 방법, 방 하나를 칠하는 데 얼마의 용량이 필요한지, 페인트 색은 어떻게 선택해야 하는지 등. 서포터즈 활동이 진행되면서, 그녀의 셀프 페인팅 지식과 경험도 쌓여갔습니다.

브랜드 서포터즈들과 함께 이벤트 프로모션 '리빙작가가 간다'를 기획했습니다. '셀프 페인팅을 해 보고 싶은데 엄두가 안 나는 사람들'을 대상으로, 리빙작가가 방문해 그들의 궁금증을 해소하고 직접 페인트로 집을 꾸미는 체험형 이벤트였습니다. 사람들은 변화된 집에 감탄하고 만족스러워했습니다. 그녀는 브랜드와 함께 셀프 페인팅에 관심을 갖는 사람들을 만나면서, 자신이 좋아하는 일에 보람을 느끼고 성장해 나갔습니다.

어느 날 그녀에게서 전화가 왔습니다. "차장님, 저 네이버 파워블로거 됐어요. 지금까지 지원해 주신 덕분이에요. 정말 감사드려요." 그 전화를 받고 내 아이가 대학에 붙은 것처럼 너무나 기뻤습니다. 그렇게 그녀는 네이버에서도 인정해주는 인테리어 인플루언서가 되었습니다.

브랜드 서포터즈들이 준전문가로 성장함에 따라, 저는 다음 단계를 기획했습니다. 강남에 브랜드 플래그십 스토어를 오픈하고 셀프 페인팅 아카데미를 만들었습니다. 그리고 그녀들을 셀프 페인팅 아카데미 강사로 양성시켰습니다. 친환경 페인트로 집 꾸미는 방법들을 알리고, 셀프 페인팅 문화를 전파하고자 강의를 개설하고 소비자가 직접 체험해 볼 수 있는 장을 마련했습니다. 물론 이 모든 과정들은 콘텐츠로 발행해 블로그와 SNS 채널에 올렸고, 많은 사람들의 관심과 응원도 받게 되었습니다.

강의를 통해 많은 사람들을 만나며, 그녀의 경험과 지식은 체계화되었습니다. 그리고 그 경험을 담은 책을 출간하였습니다. 책이 출간되자마자 그녀는 제게 책을 선물로 건네주었습니다.

최은희 차장님!
제 시작을 함께해 주신 차장님 덕분에 지금 이 시간까지 올 수 있었던 거 아시죠? 그때부터 늘 감사함을 갖고 있어요. 앞으로도 오래 함께할 수 있으면 좋겠어요. 감사드리고 사랑합니다. 차장님!

- 유독 -

그녀의 성장은 계속되었고, 그 모든 성장은 온라인 콘텐츠로 발행되면서 많은 팬들이 생겨났습니다. 콘텐츠를 보고 TVN 〈내 방의 품격〉 작가에게 촬영 요청도 왔습니다. 그녀는 방송에 나가 전셋집 셀프 인테리어 경험을 여실하게 이야기함으로써, 많은 사람들에게 알려지게 되었습니다. 이제 그녀는 셀프 인테리어 전문가로 성장해, BMW를 타고 다니

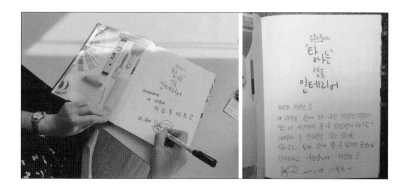

며, 셀프 인테리어 강의를 하고, 건자재 및 인테리어 업체와 콜라보를 하며, 인테리어 인플루언서로 신나게 하루하루를 보내고 있습니다.

유독스토리 = 셀프 인테리어 전문가

그녀가 한 일은 자신이 좋아하고 관심 있었던 분야에서 꾸준히 노력하며 얻은 지식과 노하우를 콘텐츠로 발행한 것뿐이었습니다. 그러한 노력 덕분에 '셀프 인테리어 전문가'로 사람들의 인정을 받게 된 것입니다. 16년간 직장생활을 하면서 저는 제품의 브랜딩뿐만 아니라 브랜드 서포터즈들의 퍼스널 브랜딩을 도와왔음을 깨닫게 되었습니다.

> **🔍 유독스토리의 퍼스널 브랜딩**
>
> 셀프 인테리어 전문가가 되기 위해 자신의 노력과 활동을 지속적으로 소셜미디어를 통해 이야기함으로써 굳건한 퍼스널 브랜딩을 이루어 냄

"내 이름으로 사는 삶, 퍼스널 브랜딩을 해야 하는 이유"

퇴사 후 유독스토리님의 삶을 들여다보면서, 제 삶과의 차이점을 발견했습니다. 저는 '회사원'이라는 이름으로 삶을 살았다면, 그녀는 '자신'의 이름으로 삶을 살았음을 알게 되었습니다. 그리고 내 이름으로 사는 삶이 중요함을, 세상에 나라는 사람의 존재를 이야기하는 것이 중요함을 깨닫게 되었습니다.

평범한 사람들이 온라인상의
기회를 만나면 생기는 일

"20년간 직장생활을 열심히 해 왔는데, 남는 게 없는 것 같아요." 제가 만난 사람들 중 인생을 허투루 살아 온 사람은 없었습니다. 모두 각자의 영역에서 본인의 역할을 누구보다 성실히 해냈던 사람들이었습니다. 그렇게 열심히 일만 하다 보면 10년, 20년의 시간이 지나고, 어느 순간 에너지가 고갈되는 듯한 느낌을 받을 때가 있습니다. '번 아웃'입니다. 바쁠 때는 모르지만 멈추게 되면 비로소 자신을 들여다보게 됩니다.

그 시점에 사람들이 주로 저를 찾아옵니다. 지금까지 살아온 방식으로는 삶이 나아지지 않음을 발견하고, 퍼스널 브랜딩을 통해 새로운 변화를 꿈꾸는 것입니다. 저를 찾아오는 사람들의 공통된 이야기 두 가지가 있습니다. "직장 생활을 열심히 했는데 남는 게 없어요.", "온라인상에 제 이야기를 하는 게 익숙하지 않아요."

이렇게 답답함을 느끼는 사람들은 많지만, 무엇을 어떻게 해야 할지 모르는 경우가 많습니다. 자기 내면을 들여다보고 발견하고 행동하는 것은 누구든지 어렵습니다. 그 답답함을 그냥 체념으로 두어서는 안 됩니다. 책이나 해당 분야 멘토들을 찾는다면 해답을 얻을 수 있습니다.

우리는 조직에서 맡은 역할을 잘하고 성과를 인정받는 것만으로는 만족할 수 없는 시대에 살고 있습니다. 퍼스널 브랜딩을 한다고 해서, 퇴사할 필요는 없습니다. 조직 안에 있어도 얼마든지 여러분의 이야기를 온라인을 통해 사람들에게 할 수 있습니다. 제가 소개하는 이들이 바로 그런 것을 해낸 사람들입니다.

★ 퇴직이 다가와 불안했던 공무원에서, 자신만만한 인기 강사로

제가 운영하는 유튜브 채널 '공감마케터TV'를 통해 알게 된 한 대표님이 있었습니다. 참고로 저는 모든 수강생을 '대표님'으로 호칭합니다. '나를 대표한다'는 의미에서입니다. 그는 교육행정직 공무원으로 오랫동안 일해 왔습니다. 은퇴를 얼마 안 남기고, 은퇴 이후 수익 활동이 걱정되어서 저를 찾아왔습니다.

그의 삶은 한마디로 '모범생'의 삶이었습니다. 어렸을 때부터 '정직'이라는 생활신조가 장착되어 있었습니다. 그는 대학을 졸업하고 9급 공무원 시험에 합격해 대학교 교육행정직 공무원으로 일했습니다. 안정적인 삶을 살다 한번은 갑작스러운 인사발령으로 인해 과도한 스트레스와 탈모로 고생하게 되었습니다.

조직이 더 이상 안전지대가 아님을 느끼고 청렴 교육 전문 강사 자격을 취득했고, 퇴직 준비를 위해 퍼스널 브랜딩을 하고자 했습니다. 조직 안에서만의 내가 아닌, 세상에 '나'를 알리기 위해 다음과 같은 브랜드 콘셉트를 정립했습니다.

28년간 청렴한 공직생활의 경험을 토대로
청렴의 가치를 알아야 할 사람들에게
청렴 교육과 컨설팅을 통해
공정한 판단과 올바른 선택을 하게끔 돕는
권수일은 청렴 메신저이다.

청렴 메신저로 브랜드 콘셉트를 정립한 후 온라인상에 자신의 이야기를 해나가기 시작했습니다. 자신의 고객을 명확히 정의하고 고객에게 도

움이 되는 콘텐츠들을 꾸준히 발행했습니다. 그렇게 온라인 채널을 통해 청렴 교육 관련 콘텐츠를 쌓아나가면서 검색을 통한 방문자가 늘었고 놀라운 변화가 생겼습니다.

청렴 교육 강사 시장에 대표 주자로 브랜딩이 되면서, 청렴 교육 의뢰와 자문, 컨설팅이 끊이지 않고 들어오게 되었습니다. 현재 공무원으로 일하면서 동시에 강사 활동을 하는 터라 들어오는 모든 강의 및 컨설팅을 소화할 수 없어, 다른 동료 강사들에게 연결해 주고 있다고 합니다. 만약 온라인상에 그의 이야기가 존재하지 않았다면 이러한 기회는 오지 않았을 것입니다. 그가 온라인에 존재했기 때문에 가능한 일이 되었습니다. 지금은 정년퇴직이 두렵지 않은 대한민국 가장으로 하루하루를 자신 있게 살아가고 계십니다.

★ 코로나로 운영이 힘들었던 도장에서, 지방에서도 오는 인기 우슈 도장으로

체육관을 운영하는 천 대표는 체육관 이전을 계획했으나 코로나 상황에서 사면초가에 몰려 저를 찾아왔습니다. 천 대표는 '우슈'라는 비인기 종목 스포츠를 가르쳤습니다. 우리나라에서는 '쿵푸'로 더 많이 기억되는 스포츠입니다. 천 대표는 어렸을 때 만화책에서 우슈를 보고 매력에 빠져 우슈를 시작하게 되었고, 21세에 국가대표로 선발되어서 활동하고 은퇴 후 20년간 우슈 도장을 운영했습니다. '아이사랑 우슈도장'이라는 이름으로 블로그도 만들었습니다. 하지만 우슈 도장의 차별화 특성이 제대로 드러나 있지 않았습니다.

퍼스널 브랜딩의 시작은 탐색을 통해 브랜드의 콘셉트를 정립하는 것입니다. 그녀의 경험 중에 특별한 부분은 비인기 종목인 우슈를 오랫동안 사랑해 오고, 도장을 운영하며, 우슈를 우리나라에 알리고자 했던 것

입니다. 그것을 대표하는 단어로 '국가대표'를 발견했습니다. 처음 이 키워드를 이야기했을 때, 그녀는 국가대표가 별거인가요? 하며 의문을 품었습니다. 하지만 비인기 종목인 우슈의 국가대표였다는 것과 우슈를 대표하는 사람으로 일반인들에게 포지셔닝 할 수 있는 기회를 발견했습니다. 많은 대한민국 우슈 국가대표들이 선점하기 전에, '우슈 국가대표'라는 타이틀을 온라인상에 이야기할 수 있었습니다. 그녀의 콘셉트는 다음과 같이 정립되었습니다.

우슈 국가대표, 20여 년의 우슈 도장 사범 경험을 토대로
심신의 단련을 희망하는 사람들에게
다채로운 우슈를 통해 체력증진과 정신집중을 돕는
천미연은 국가대표 우슈마스터이다.

그녀는 '국가대표 우슈마스터'로 자신을 콘셉팅하고 블로그, 인스타그램을 통해 자신의 이야기를 하기 시작했습니다. 도장 이름도 퍼스널 브랜딩 콘셉트와 연결해 '국가대표 우슈도장'으로 바꾸어 이사를 완료했습니다. 그녀는 퍼스널 브랜딩을 시작하고 가장 만족했던 경험으로 '체육관 원생들의 인정과 학부모들의 인정'을 꼽았습니다. 하루는 한 아이가 그녀에게 이런 말을 했다고 합니다. "원장님, 블로그 봤어요. 너무 멋있어요. 저도 원장님 같은 사람이 되고 싶어요." 그리고 도장을 이전했음에도 많은 원생들이 천 대표를 따라 도장을 옮겼습니다. 학부모들도 그녀

에게 존경을 표시했습니다. 그녀는 이름을 바꾸고 온라인상에 채널을 만들어 자신의 이야기를 시작했던 것뿐입니다.

어느 날은 다른 지방에 거주하는 사람에게 수강 문의가 왔다고 합니다. 그녀는 자신의 도장에서 너무 먼 곳인지라 근처 우슈 도장에 갈 것을 권했는데 그 사람은 버럭 화를 내며 이렇게 말했습니다. "저는 선생님께 배우고 싶어요." 결국 먼 거리에도 불구하고 그녀에게 우슈 코칭을 받기로 하고 체육관에 등록했다고 합니다.

그리고 곧이어 새로운 기회들이 찾아왔습니다. 인스타그램을 통해 〈너의 목소리가 보여〉라는 TV 프로그램 관계자에게 연락이 왔다고 합니다. 우슈 전문가로 방송 프로그램에 출연해 달라는 제의였습니다. 그녀는 달라진 게 하나 없는데, 자신에 대한 이미지와 평판들이 만들어졌고, 예전이라면 절대 상상하지 못했던 새로운 기회들이 그녀를 찾아온 것입니다.

★ 작가에서 엄마를 작가로 만들어 주는 엄마 작가 메이커로

그녀와의 인연은 조금 특별했습니다. 1인 기업 퍼스널 브랜딩 1기를 오픈하고, 가장 먼저 지원해 주신 분입니다. 전화 상담을 통해, 이 순간을 상당히 준비해 온 분임을 알 수 있었습니다. 자신에 대한 소개와 자신의 상황을 미리 준비한 것처럼 상세하게 이야기해주셨습니다. 그 안에서 퍼스널 브랜딩에 대한 간절함도 느껴졌습니다.

그녀는 22세에 일찍 결혼해 우울증으로 힘든 나날을 보냈습니다. 목회

하는 남편을 만나 아들 셋을 키우며 보험회사, 어린이집 교사 등 다양한 일을 하다 37세에 책 쓰기 교육을 받았습니다. 38세에는 지금까지 해 오던 일을 마치고, 전업주부 겸 작가가 되었습니다. 그리고 3년간 8권의 책을 출간하였습니다.

그녀는 글쓰기를 통해 우울증으로 힘들었던 자신을 변화시키는 특별한 경험을 했습니다. 기도하고, 글쓰기를 통해 성찰하며 책을 완성해 낸 것입니다. 그리고 자신과 같이 삶이 힘든 대한민국 엄마들이 글쓰기를 통해 고된 삶을 극복하도록 돕고 싶었습니다. 그런 그녀의 콘셉트를 다음과 같이 정립했습니다.

성찰과 글쓰기를 통한 삶의 변화!
3년간 8권의 책 출간 경험을 토대로
삶이 힘든 대한민국 엄마들이

억눌렸던 생각을 표출할 수 있도록 돕고

엄마들의 웃음과 행복을 되찾아주는

백미정은 엄마 작가 메이커이다.

그녀를 처음 만나 놀랐던 것은, 1권도 아닌 8권의 책을 출판하면서도 정작 온라인상에서는 아무 존재감이 없었던 점입니다. 그녀는 삶의 경험과 헌신이 담긴 브랜드 콘셉트를 통해, 지금은 누구보다 명료하게 세상에 자신의 이야기를 하고 있습니다.

퍼스널 브랜딩을 한 후 6개월 만에 월 1,000만 원의 매출을 달성했습니다. 그리고 글쓰기, 책 쓰기 과정을 통해 많은 엄마를 작가로 만들어 주는 일을 하고 있습니다. 최근에는 '엄마 작가 비전스쿨'을 창업해서 엄마들과 소통하며 성찰 글쓰기, 필사 글쓰기를 하고 있습니다.

앞서 소개한 3명의 대표들 모두 자신의 삶을 열심히 살아왔습니다. 바쁘게만 지내며 멈춰서 자신을 돌아보지 않았다면, 퍼스널 브랜딩의 기회도, 온라인상에 존재함으로 찾아오는 새로운 기회도 주어지지 않았을 것입니다. 그들은 평범한 사람들이었습니다. 자기 삶의 특별한 경험을 찾고 꺼내어 세상에 자신을 알리고자 결심하고 행동한다면, 여러분에게도 이런 놀라운 기회들이 찾아올 것임을 장담합니다.

퍼스널 브랜딩을 시작하고 찾아온 놀라운 변화 5가지

퇴사를 하고, 16년 만에 제게 주어진 휴식의 시간. '멈추면 비로소 보이는 것들'이라는 혜민 스님의 책 제목이 떠오르는 시간을 맞이했습니다.

지금까지 바쁘게만 살아왔지, 제가 정말 원하는 삶에 대해 생각해 본 적이 없었습니다. 이제껏 제게 중요한 건 직장에서 인정받고 성과를 올리는 일이었습니다. 하지만 멈추니 비로소 제가 정말로 원하는 것이 보였습니다.

'내가 정말 원하는 삶은 어떤 삶이지?'

제가 원하는 삶은 바로 '두 마리 토끼'를 모두 잡는 삶이었어요. 내가 좋아하는 일을 하며 가족과도 여유롭고 행복한 삶을 사는 것을 원했습니다. 하지만 지금까지 제 삶은 '일'에 치중되어 있었고, 회사에서 성과를 내기 위해 주말도 자처해서 출근하는 워커홀릭의 삶을 살았어요. 이제 제가 원하는 삶을 분명하게 그려 보게 됩니다. 제가 원하는 삶은 내가 하는 일이 나의 꿈이 되고, 내 일의 전문성을 인정받고, 적은 시간 일하고 큰 가치를 만들며, 거기서 만들어진 시간을 가족과 함께 보내는 삶. 아마 이 책의 독자분들도 이러한 삶을 원하실 텐데요. 그렇다면 '이런 삶을 살려면 어떻게 해야 하지?'라고 제게 묻게 됩니다. 그때 제 머리를 스쳐 간 단어가 바로 '퍼스널 브랜딩'이었습니다.

★ 퍼스널 브랜딩

> "나 = 브랜드"

퍼스널 브랜딩이란 나 자신이 브랜드가 되는 것입니다. 퍼스널 브랜딩에 대해 이야기하기 전에 일반적인 브랜드를 먼저 들여다보겠습니다. 커피숍 하면 어떤 브랜드가 떠오르나요? 스타벅스를 대부분 꼽습니다. 햄버거 하면? 맥도날드, 콜라 하면? 코카콜라를 꼽습니다. 이처럼 특정 카테고리를 이야기할 때 가장 먼저 떠오르는 브랜드를 '최초 상기 브랜드'라고 합니다.

그렇다면 사람의 경우는 어떨까요? 유재석 하면 어떤 단어가 떠오르나요? 대부분 '국민MC'를 떠올립니다. 김연아 하면 어떤가요? 김연아는 '피겨여왕'을 떠올리는 경우가 많습니다. 사람의 이름만 들어도 연상되는 이미지가 있습니다. 이들은 바로 자기 자신이 브랜드가 됐습니다. 각 개인을 브랜드로 만드는 일, 이를 바로 '퍼스널 브랜딩'이라고 합니다.

저는 퍼스널 브랜딩을 이와 같이 정의합니다.

> ### 퍼스널 브랜딩의 의미
> 내가 원하는 분야에서, 내가 원하는 역할을
> 상대가 먼저 떠올릴 수 있게끔 만드는 것.

퍼스널 브랜딩을 위해선 다음 2가지가 중요합니다.

첫째, 내가 원하는 분야에서 내가 원하는 역할을 내가 정할 수 있습니다. 유재석은 MC 분야에서 말 잘하는 MC가 아니라, 상대방을 존중하고 배려하는 MC로 기억됩니다. MC 분야에서 국민 모두가 인정하는 MC로 자신을 인지시킨 것입니다. 지금까지 여러분이 주어진 역할만 해왔다면, 퍼스널 브랜딩을 통해 주체적으로 자신이 원하는 모습을 정립하고 만들어 나갈 수 있습니다. 여러분이 원하는 분야와 역할을 말입니다.

둘째, 여러분이 "나는 ○○○입니다."라고 선언한다고 해서 사람들이 여러분을 그 브랜드로 바로 인정해 주지 않습니다. 브랜드가 된다는 것은 여러분이 아니라, 상대방이 여러분을 브랜드로 먼저 떠올릴 수 있어야 합니다. 그러기 위해서는 사람들이 보기에 여러분은 그 브랜드다운 사람이어야 하고, 그 브랜드다운 행동을 해야 합니다. 바로 퍼스널 브랜딩은 하루아침에 만들어지는 것이 아닌 상대가 나를 인식하는 과정이 존재합니다.

★ '나'라는 브랜드의 정립

여러분이 브랜드가 되기 위해서는 원하는 분야와 역할을 먼저 정의해야 합니다. 자기 자신이 하고 싶은 일을 명확히 해야 합니다. 여러분은 어떤 일을 하고 싶은가요? 그 일은 어떤 분야인가요? 그 분야의 많은 사람들과 여러분은 어떻게 다른가요? 이것을 정의하는 것이 브랜드 콘셉트를 정립하는 것입니다.

최은희는 공감마케터이다.

'공감마케터'라는 브랜드 콘셉트가 나오기까지는, 제 자신에 대한 면밀한 탐색이 필요했습니다. 그리고 나의 가슴을 뛰게 하는 일이 무엇인지 알아냈고, 이를 바탕으로 브랜드 콘셉트를 정리했습니다. 브랜드 콘셉트를 정립하는 방법은 다음 장에서 자세히 다룰 것입니다.

퇴사 후 저는 '공감마케터'라는 브랜드 콘셉트를 가지고 퍼스널 브랜딩을 시작했습니다. 가장 먼저, 제 이름이 사용되는 모든 곳에 브랜드 콘셉트를 함께 명시했습니다. 명함, 강의 자료, 블로그, 인스타그램, 페이스북, 유튜브 등 온라인의 다양한 채널에 닉네임, 계정 이름으로 '공감마케터 최은희'를 사용하였습니다. 그리고 모임에서 자기소개를 하게 되면, "안녕하세요. 공감을 통해 사람들의 마음을 움직이는 마케터, 공감마케터 최은희입니다."라고 소개했습니다. 온라인뿐 아니라 오프라인 공간에서도 나의 브랜드 콘셉트인 '공감마케터'를 철저하게 사용하기 시작했습니다.

'공감마케터'라는 콘셉트에 맞게 끊임없이 나를 개발했고, 고객 문제에 대한 솔루션을 찾아 나가며 그것을 콘텐츠로, 강의안으로, 오디오로, 영상으로 만들어 나갔습니다. 이런 모든 노력의 과정은 온라인상에 콘텐츠로 기록되었고, 지식 콘텐츠로 양산되어 많은 사람들에게 노출되었습니다.

⭐ 브랜드가 되어 찾아온 기회들

브랜드가 되기 위해 제가 한 일은 간단했습니다. 하지만 저에게 일어난 일들은, 상상했던 것보다 빠르고 강력했습니다.

1. 언제 어디서나 검색되는 나(SEARCHABLE)

저는 어디를 가든 새로운 사람을 만나면, '공감마케터'라는 콘셉트가 적힌 명함을 건넸습니다. 다음 모임에서 그들을 다시 만나게 되면, 하나

같이 이런 말을 들었습니다. "이렇게 유명한 분인지 몰랐어요. 인터넷에 검색해 보고 알았어요." 이런 말에 저는 항상 다음과 같이 답했습니다. "유명하지는 않아요. 단지 온라인에 검색되는 것뿐이에요. ○○님도 할 수 있어요."

'최은희 대표'를 검색하면, '공감마케터'라는 단어가 포함된 수많은 콘텐츠들이 온라인에 즐비합니다. '공감마케터'를 쳐도 마찬가지입니다. 심지어 어떤 사람은 저의 평판이 궁금해서 미리 검색을 하고 내용을 숙지한 후 첫 만남에 나타나기도 했습니다. 여러분은 아무 말도 하지 않았는데 상대방이 본인을 신뢰하는 느낌을 받은 적이 있습니까? 브랜드가 되기로 결정한다면, '언제 어디서든 검색되는 나'를 여러분도 경험할 수 있습니다.

2. 잠재고객이 알아서 찾아오는 나(TARGETABLE)

더 놀라운 일은 '나를 아예 모르는 사람들이 인터넷 검색을 통해 고객이 되어 나를 찾아온다'는 사실입니다. 예를 들어 그들은 'SNS 마케팅 전문가', '퍼스널 브랜딩 전문가'를 검색합니다. 검색 결과에 노출된 다양한 콘텐츠 중 나와 관련된 콘텐츠를 보게 되면서, 관심과 신뢰감이 생깁니다. 그래서 나를 자신의 문제를 해결해 줄 수 있는 사람으로 느낀다면 어떨까요? 나는 가만히 있는데, 나의 고객이 될 가능성이 높은 사람들이 알아서 나를 찾아오게 됩니다. 그리고 다음과 같이 이야기합니다. "퍼스널 브랜딩 컨설팅을 받고 싶어요. SNS 마케팅 강의 요청드립니다."

3. 전문가로 인식되는 나(SPECIALITY)

'어떻게 하면 나라는 브랜드를 전문가로 인식시킬 수 있을까?'

저는 마케팅과 브랜딩에 대한 다양한 공부를 하며 지식을 쌓아 왔습니다. 이 모든 것을 여러 SNS에 콘텐츠로 발행했고, 사람들은 이런 콘텐츠를 유용한 글로 여겼습니다. 도움을 받은 사람들은 저를 전문가로 인식하기 시작했습니다. 물론 연세대 언론홍보대학원에서 광고홍보 석사 학위를 따기도 했지만, 그것은 그냥 학위일 뿐입니다. 사람들은 학위 때문이 아니라, 그들에게 직접 도움 되는 온라인상의 콘텐츠와 저의 브랜드 평판 때문에 저를 찾아온 것입니다. 꾸준히 발행되는 온라인 콘텐츠를 통해 대기업, 기관, 대학교, 청년사관학교 등 다양한 곳에서 강의 및 컨설팅 의뢰가 들어왔습니다. 전문가 인터뷰, 잡지 촬영, TV 출연 등 생각지 않은 수많은 미디어들에 노출의 기회도 생겼습니다.

4. 온라인 소통을 통해 팬덤이 형성되는 나(FANDOME)

저를 찾아오는 사람들은 많아졌고, 그들은 지속적으로 브랜딩과 마케팅 정보를 원하기 시작했습니다. 그들을 위해 팟빵, 유튜브 및 카카오 오픈 채팅방을 개설했습니다.

'공감마케터의 10분 브랜딩'이라는 오디오 팟캐스트 '팟빵'을 시작했습니다. 하루에 10분가량의 브랜드 마케팅 오디오 강의를 제작해, 매일 아침 8시 채팅방에 올렸습니다. 오디오 강의 URL과 함께, 이 강의를 듣고 생각해 봄직한 질문을 하나씩 채팅방에 올리니 사람들은 굴비처럼 답을 줄줄이 달기 시작했습니다. 이들은 자신의 답변뿐 아니라 다른 이들의 답변을 통해, 다양한 사람들의 생각을 볼 수 있었습니다.

양질의 무료 콘텐츠가 매일 아침 오픈톡방에 배달되면서, 사람들은 온라인이라는 채널 안에서 집단 지성을 나누었습니다. 온라인상에 공통 관

심사를 가진 커뮤니티가 형성되었습니다. 지금은 1,000여 명의 멤버들이 함께 오픈톡방 안에서 소통하며, 유용한 마케팅 교육과 실행 프로젝트에 참여하고 있습니다.

5. 진정성 있는 강력한 브랜드가 되는 나

온라인 채널은 나의 이력서이고, 나의 포트폴리오가 되었습니다. 4년간의 노력의 과정이 쌓이면서, 사람들도 제가 오로지 돈을 벌려고 이 일을 하는 것이 아님을 느낄 수 있었습니다. 또한 노력의 과정이 쌓여가면서, 사람들이 신뢰할 수 있는 진정성 있는 브랜드로 성장하는 나를 경험할 수 있었습니다.

온라인 채널에서 저를 간접적으로 경험한 사람들은 코칭이나 강의를 통해 만나면 이렇게 말했습니다. "왜 공감마케터라고 콘셉트를 잡았는지 알겠어요." 저는 사람들을 만나면 그들의 말에 경청하고 공감을 표현했고, 그들이 원하는 것을 알아차려 이야기해줄 수 있었습니다. 사람들은 제가 일과 삶의 영역에서 '공감'이라는 가치를 실천하고 있다는 것을 느꼈습니다.

지금까지 브랜드가 되어 찾아온 대표적인 기회 5가지를 소개했습니다. 앞으로 이 책의 곳곳에서 온라인상의 브랜딩 효과를 경험한 다양한 사례들을 만나갈 것입니다. 남의 이야기가 아니라, 여러분이 진정으로 입어보고, 그 옷을 입고 싶은 마음이 생겼으면 합니다. 삶의 모든 것이 브랜딩이 되는 경험을 꼭 해 보셨으면 합니다.

비즈니스의 폭발적 성장을 만드는 SNS 퍼스널 브랜딩 5단계

우리는 모두 어딘가에서 일을 하고 있습니다. 하지만 그 일과 관련해서 여러분을 떠올리는 사람은 얼마나 될까요? 나는 여기 있고 이런 분야에 쓸모가 있는데, 말을 안 하고 보여주지 않으면 아무도 알 수가 없습니다.

지금껏 퍼스널 브랜딩을 성공하거나 유명한 사람들이 하는 거라고 생각했다면 이제는 아닙니다. 요즘은 백 세까지 살면서 평생 3~4개의 직업을 갖게 됩니다. 그런데 만약에 우리가 정년을 채우고 은퇴를 한 후에도 원하지 않는 일을 하면서 살아가야 한다면 어떨까요? 반대로 내가 좋아하는 일을 하고 그 일로 꿈을 이루게 되면서 사람들이 알아서 나를 찾아오게 된다면 어떨까요? 인터넷, SNS의 발달로 예전과 다르게 누구나 자신을 알릴 수 있는 동등한 기회를 갖게 되었습니다.

앞서 이야기했던 많은 사람들은 제게 와서 보통 이렇게 이야기합니다. "저는 특별한 게 없어요. 그런데 퍼스널 브랜딩이 가능할까요?"

그동안 우리는 바쁘게만 살아왔습니다. 나 자신을 들여다보고 내가 어떤 경험을 하고 어떤 장점을 가지고 있는지, 뭐에 가치를 두고 있는지 나 자신을 들여다보지 못했던 것입니다. 하지만 이 책을 통해서 자신을 들여다볼 수 있습니다. 하고 싶은 일, 나의 꿈이 되는 일을 들여다보며 브랜드 콘셉트를 정립해서 SNS를 통해 세상에 여러분의 이야기를 함께 시작해 봤으면 합니다.

제가 가진 특별한 경험은 16년간 기업에서 마케터로 일하면서, 광고 대신 사람들의 이야기를 통해 제품을 브랜딩한 경험과 200여 명의 리빙, 인테리어 인플루언서들의 퍼스널 브랜딩을 도왔던 경험 이 두 가지입니다. 이를 통해 제품을 브랜딩하는 일과 사람을 브랜딩하는 일이 일맥상통한다는 걸 발견할 수 있었습니다.

그래서 많은 사람들의 퍼스널 브랜딩을 돕기 위해 이 책을 쓰게 되었습니다. 지금 이 시대 우리에게 가장 필요한 것은 바로 '퍼스널 브랜딩'입니다. 그렇다면 이 퍼스널 브랜딩은 어떻게 하는 것일까요? 퍼스널 브랜딩, 즉 SNS를 활용한 퍼스널 브랜딩 5단계 전략을 소개합니다.

★ SNS 퍼스널 브랜딩 5단계

1단계, 퍼스널 브랜딩에서 가장 중요한 자기 탐색을 합니다. 모든 시작은 '나'에서부터 시작됩니다. 브랜딩을 하고자 하는 자기 자신에 대해 들여다보는 시간을 갖습니다.

2단계, 세상에 나를 알리는 하나의 단어를 찾아 나가는 시간, 브랜드

콘셉트를 정립합니다. 내가 정말 하고 싶은 일, 나의 가슴을 뛰게 하는 일을 정의하고, 해당 영역에서 '나'라는 사람이 다른 사람과 구분되는 한 가지를 찾습니다. 퍼스널 브랜딩에서 가장 핵심이 되는 단계입니다.

3단계는 브랜드 콘셉트로 세상에 내 이야기를 해나가는 데 가장 강력한 무기인 브랜드 스토리를 만드는 시간입니다. 나의 콘셉트에 사람들이 고개를 끄덕이게 만들고, 사람들의 공감을 얻을 수 있는 스토리를 만들고 전략을 수립합니다. 이렇게 만들어진 브랜드 콘셉트와 스토리를 열심히 홍보해줄 디지털 일꾼, 브랜드 콘텐츠를 만드는 4단계 과정을 거칩니다. 디지털상에 나를 효과적으로 알려나갈 콘텐츠의 유형과 콘텐츠 주제를 선정합니다.

마지막 5단계는 여러 가지 SNS 채널의 특징을 이해하고, 가장 먼저 공략할 전략 채널을 정합니다. 하나의 채널을 활성화해 성공시킨 경험을 토대로 순서대로 다음 채널을 공략하며, 자신의 콘셉트와 스토리가 확산되는 플랫폼을 구축합니다. 다음 장에서 이 다섯 단계를 좀 더 자세히 살펴볼 것입니다.

앞선 퍼스널 브랜딩 사례를 통해 어떤 대단한 능력이나 경력보다 각자의 경험 속에서 자기 자신을 발견하고 어떤 삶을 살고 어떤 일을 하고 싶은지 발견하는 것이 훨씬 더 중요하다는 것을 알게 되었을 것입니다. 자, 그럼 본격적으로 퍼스널 브랜딩 5단계로의 여행을 떠나 보겠습니다.

저는 너무나 평범한데
퍼스널 브랜딩이 가능할까요?

20년 워킹맘에서 라이프 코치 롤모델로

자기 소개 및 퍼스널 브랜딩을 하기 전의 모습

라이프 코치로 활동하고 있는 '여성리더 라이프코치' 나영주입니다. 저는 20년간 직장생활을 마무리하고, 퇴사 이후의 삶에 대한 고민이 깊었어요. 이것저것 배우긴 했지만 확실한 길을 찾지 못해 방황했었어요. 오랜 직장생활에도 불구하고 나만의 차별점, 특별한 점을 못 찾고 있어 어려웠습니다. 지극히 평범한 대한민국 워킹맘이라고 생각하고 있어서 어떻게 나를 드러낼 수 있는지 나만의 경험을 어떻게 콘텐츠로 만들 수 있는지 막막했어요.

퍼스널 브랜딩을 통해 얻게 된 것

퍼스널 브랜딩 과정을 통해 일단 나만의 브랜드명인 '여성리더 라이프코치'가 만들어졌다는 것이 제게 가장 큰 의미였어요. 나의 브랜드 콘셉트, 브랜드 스토리, SNS 채널의 방향성이 세워지면서 내가 가고자 하는 길에 설렘과 든든한 마음이 생겼어요. 나는 극히 평범한 대한민국 워킹맘이라고 생각하며 살았어요. 어디 가서도 열심히 성실히 살았지만 큰 욕심 없이 중간 이상만 하자고 생각했는데, 나에게 많은 강점과 경험, 나눌 수 있는 스토리가 있다는 것을 발견하니 자신감이 생겼습니다. '대한민국 대표 워킹맘'이라는 확신이 들었습니다. 비슷한 경험과 생각을 하는 여성들이 자기주도성, 독립적인 마인드를 가지고 삶을 헤쳐 나가는 데 도움을 줄 수 있겠다는 생각이 들었습니다.

퍼스널 브랜딩을 통한 새로운 경험 및 성과

퍼스널 브랜딩 당시에 세웠던 브랜드 전략, 포트폴리오, 브랜드 성장 로드맵이 제가 1인 기업으로 한발 한발 나아가는 데 이정표와 나침반이 되어 주고 있어 지금도 지속 성장 중에 있어요. 이제는 전문코칭 분야에서 '여성리더 라이프코치' 하면 나라는 사람을 기억할 정도로 나라는 사람이 세상에 알려졌고 "나를 롤모델 삼고 싶다."라는 예비코치님들의 말을 들을 때 사실 신기합니다.

퍼스널 브랜딩을 해야 하는 이유

퍼스널 브랜딩을 통해 나를 돌아볼 수 있는 시간을 만나게 되었습니다. 너무나 평범해서 내세울 게 없다고 생각했던 내 안에서, 무엇보다 빛나는 나의 강점을 찾을 수 있었습니다. 퍼스널 브랜딩이 필요하다고 말씀드리는 이유는 내 삶에서 진짜 가고자 하는 길의 방향성을 찾고, 그 길을 걸어갈 자신감을 얻을 수 있기 때문입니다. 더불어 과정 안에서 만난 멘토인 최은희 대표님과 동기들과 함께함으로 더 큰 힘이 되었습니다.

퍼스널 브랜딩을 꼭 추천하고 싶은 사람

오랜 직장생활 후 1인 기업으로 독립을 꿈꾸는 사람이라면 꼭 퍼스널 브랜딩을 하라고 권하고 싶습니다.

PART 2

미친 자신감을 만드는
브랜드 콘셉트 도출 공식

아무도 가르쳐주지 않았던 자기 탐색 비법

★ 자기 자신도 모르면서 절대 꿈부터 꾸지 마라

많은 성인들이 질풍노도의 시기, 제3의 사춘기를 겪습니다. 열심히 앞만 보며 달려오다 멈춰서 자신을 돌아보게 되는 시기입니다. 바쁘게는 살아왔는데 별다른 의미를 발견하지 못했거나, 특별한 계기로 의도치 않게 멈춘 후 자신의 존재 의미에 대해 의문을 품기 시작합니다. **지금까지 사회에서 주어진 역할을 열심히 해왔다면 이제 자신을 들여다보며, 자기가 진정으로 원하는 삶이 무엇인지 생각해 보는 시간을 갖게 됩니다.**

먼저 퍼스널 브랜딩은 '나'에서부터 시작되어야 합니다. 제가 존경하는 김형환 교수님은 이런 말을 하셨습니다. "내가 누군지 알기 전에 절대 꿈부터 꾸지 마라." 자신에 대한 탐색 없이 시장의 트랜드만을 좇아 창업하는 경우를 종종 보게 됩니다. 또는 "이거 하면 잘된대, 이거 하면 돈 많이 번대~."라는 주변 사람들의 말만 듣고 일을 시작하는 사람들도 있습니다.

모든 것은 '나'에서부터 시작해야 합니다. 나에 대한 탐색을 통해, 내가 가지고 있는 것, 경험한 것, 내가 중요하게 여기는 가치들을 발견해야 합니다. **자신에 대한 탐색을 통해 발견한 것과 시장이 원하는 것의 교차점을 찾아낸다면, 나의 내적 동기와 시장의 관심사가 만나게 된다면, 그것만큼 강력한 아이템은 없습니다.**

1인 기업 퍼스널 브랜딩 1기로 만난 홍민경 대표님의 경우, 프리랜서 영어 강사 일을 20년 넘게 해왔습니다. 포항에서 유명한 영어 강사로 많은 수강생 제자들뿐 아니라, 많은 영어 강사도 양성해냈습니다. 리더십을 발휘하며 시대의 변화를 잘 파악하는 성향 덕분에 코로나에도 디지털 세상에 잘 진입하였습니다. 프리랜서의 삶을 누구보다 잘 알고 있었기에, 온라인 영어 프로젝트에 이어서 다양한 자기계발 프로젝트를 카페를 통해 진행하면서, 영어 강사들에게 영어 이외에 다른 자기계발 분야의 일거리도 만들어주었습니다. 그리고 시대의 흐름에 맞게 카페 콘셉트를 '나도 N잡러 카페'로 변경하였습니다.

영어 강사로 이미 충분한 수익이 있음에도 그 자리에 안주하지 않고, 자기 안의 관심사를 캐내고 발견해냈습니다. 오랜 시간 누군가를 가르쳤던 경험과 사람들의 잠재력을 발견하고 도와주려 하는 본인의 성향과 코로나 시대의 언택트, 비대면 덕분에 더 활성화된 'N잡러' 시장을 잡게 된 것입니다.

물론 누구나 N잡러를 할 수 있지만, 홍민경이라는 사람이 가지고 있는 경험, 성향, 가치 등을 토대로 'N잡하는 영어강사'로 브랜드 콘셉트를 잡고, 영어 강사들뿐 아니라 많은 사람들의 N잡러로의 변화를 돕고 있습니다. 이처럼 자신의 내적 동기와 시장의 관심사가 만나는 아이템, 그것을 찾기 위해서 여러분 자신에 대한 탐색부터 시작해보길 바랍니다.

★ 내가 누구인지 과거에서 찾아라

자기 탐색의 첫 번째 방법은 '인생 기상도'입니다. 인생 기상도를 통해서 지금까지 살아온 나의 모습을 되돌아봅니다. 10대 때 나의 날씨는 어땠는지? 10대에 내게 일어났던 일들 중 가장 기억나는 일은 무엇인지? 20대, 30대 그리고 40대 우리가 살아온 삶의 궤적들을 거꾸로 돌아가 보는 시간을 가져 봅니다.

과거의 삶을 들여다보면 나에게 어떤 특별한 경험이 있었는지, 그 일에 대해 나는 어떤 태도를 보였는지 알 수 있습니다. 제 인생 기상도를 예로 들어 보겠습니다.

인생기상도
10대 20대 30대 40대 50대
살아온 나의 모습을 되돌아봅니다.

10대 날씨: 구름 - 맑음

저의 10대는 구름 끼다가 맑음이었습니다. 어렸을 때 너무 얌전하고 내성적이어서 사람들 앞에서 말을 잘 못했습니다. 학교에서도 말을 너무 안 하니 친구도 없었습니다. 엄마가 학교에 오셔서 "너 우리 은희랑 친구 좀 해줘."라고 말해주고 가실 정도였습니다. 그러다 초등학교 3학년 때 수학 경시대회에 나가서 상장을 받게 됐고 이후 성격이 조금씩 변하기 시작했습니다. 초등학교 5학년 때 반장이 되면서 활달하고 적극적인 성격으로 변해갔습니다. 중학교에 가서는 전교 1등을 했는데, 월례 조회 때 단상에 나가서 상을 받게 됐습니다. 공부 잘하는 아이, 선생님들께 인정받는 아이로의 경험 덕분에 자신감을 더 키워나갈 수 있었습니다. 고등학교 가서는 화학과목 점수가 잘 나와서 제가 잘하는 것이 좋아하는 것이라 생각하고 성균관대 화학공학과에 입학했습니다. 10대 때 저의 삶에서 발견한 건, 내성적인 성격에서 작은 성취로 자신감을 얻으면서 더 큰 성취를 위한 도전의 경험을 갖게 된 것입니다.

20대 날씨: 구름 - 맑음

20대에도 구름 끼다가 맑음이었습니다. 대학에 갔는데 과를 잘못 선택했다는 것을 깨닫게 됩니다. 전공 대신 앞으로 할 수 있는 일에는 무엇이 있을까? 하는 질문으로 캠퍼스를 누비다 발견한 것이 '깨맹이Chemengi' 라는 동아리였습니다. 화학공학과 안에 있는 컴퓨터실을 관리하며, 홈페이지 제작을 공부하는 동아리였습니다. 그곳에서 IT 세상을 처음 접하고,

인터넷 세상에 매료되었습니다. 열심히 홈페이지 제작을 공부하고, 홈페이지 경진대회에 참여해 상금도 받고, 아르바이트로 홈페이지 제작도 하며 대학생활을 보냈습니다. 그때 그 동아리 회장 오빠가 지금 저의 남편이 되었습니다. 잘못 선택해서 간 학과였지만 평생의 반려자도 만나고, 지금 제가 하는 온라인 마케팅이라는 분야로도 연결된 것입니다. **내가 하는 어떤 선택에도 잘못된 선택은 없음을, 어떤 선택이든 새로운 가능성과 기회가 존재함을 알게 되었습니다.**

동아리 활동 경험을 통해 대학교 4학년 때 IT 회사에 조기 취업을 해 직장생활과 학업을 병행하며 돈을 벌 수 있었습니다. 1년의 경력과 함께 대학교를 졸업하면서, 제 마음속의 버킷리스트가 떠올랐습니다. 해외에서 일을 해 보는 것이 저의 버킷리스트 중 하나였습니다. 저는 1년간 번 돈을 가지고 뉴질랜드 어학연수와 미국 해외취업에 도전했습니다. 뉴질랜드에서 영어공부를 하며 아르바이트를 했던 여유로웠던 그 시간과 미국에서 좌충우돌 취업활동을 했던 경험을 통해, '간절하면 무엇이든 이룰 수 있음'을 경험하게 됩니다. 원했던 버킷리스트를 모두 이루고 나서야 저는 귀국을 결심하였습니다.

이후 한국에서 10년 이상 몸담을 직장에 들어가겠다는 생각에 국내섬유회사인 W기업 홍보팀에 입사하였습니다. 일하다 보니 회사에 온라인 쇼핑몰이 없다는 사실을 알게 됐고, 쇼핑몰 개설을 제안했습니다. 그 제안으로 인해 매월 매출 목표를 달성해야 하는 부담을 지닌 온라인 영업팀장이 되었습니다. 그 후로 빡센 직장생활이 시작됩니다.

30대 날씨: 비가 옴 - 맑음 - 폭풍

30대는 비가 오고, 맑고, 폭풍이 이어졌습니다. 30대 여성의 가장 큰 이슈는 결혼, 임신인데 제가 다녔던 회사는 임신을 하면 퇴사를 해야 하는 분위기였습니다. 불편한 환경 속에서 저는 출산휴가 1호에 도전하게 되었습니다. 출산휴가 3개월도 집에서 아이를 돌보며 재택근무로 온라인 영업팀을 이끌게 되었습니다. 휴가를 마치고 출근해서는 다시 열렬히 일하기 시작합니다. 저는 영업 팀장으로서 매달 쇼핑몰 매출 목표를 달성하기 위한 고민으로 가득 차 있었습니다. 중소기업이라 별다른 마케팅 예산이 없고 인력도 부족한 상태라 어디서 도움을 얻을 수 있을까? 고민하였습니다.

저는 온라인 주부모니터 '빅마우스'를 기획한 후, 다양한 여성 소비자 서포터즈 그룹을 만들어 소비자 마케팅 시스템을 만들게 됩니다. 기업 중심의 마케팅이 아닌 소비자들의 참여를 이끌어 브랜드를 직접 경험하고 알려나가는 마케팅을 하기 시작합니다.

광고 대신 소비자들의 참여와 온라인 마케팅을 통해 쇼핑몰은 매년 우상향 곡선의 매출 그래프를 만들 수 있었습니다. 특별한 이벤트를 통해, 하루 만에 '1억 원'이라는 쇼핑몰 매출을 내는 성과도 만들게 됩니다. 그러한 경험을 통해 '공감마케터'라는 콘셉트도 만들어질 수 있었습니다. 마케터로 일하면서 마케팅에서 가장 중요한 요소가 공감이라는 것을 제 일과 삶 안에서 발견할 수 있었기 때문입니다.

하지만 10년 차가 되었을 때, 새로 온 본부장님이 새로운 온라인 영업

팀장을 스카웃해오면서, 차석으로 물러나게 됩니다. 10년 넘게 키워 온 사업을 다른 누군가에게 준다는 것이 자존심 상했지만 이성적으로 생각했습니다. 그리고 헤드헌터를 통해 이직을 결심하게 됩니다.

40대 날씨: 맑음 - 비 오고 폭풍 - 다시 갬 - 폭풍 - 구름 - 맑음

40대는 10년 다닌 직장을 퇴사하고 새로운 직장으로 이직을 하게 됩니다. 40대의 날씨는, 맑고 비가 오고 폭풍, 다시 개고 폭풍, 구름 다시 맑음. 다양한 날씨의 연속이었어요. 새로 옮긴 직장에서도 저의 열정은 식지 않았고, 소비자들의 마케팅 참여를 이끌고, 팬덤을 만드는 브랜드를 만들기 위해 고군분투했어요. B2B 중심 회사에서 B2C 활성화를 위해 열정적으로 일을 했어요. 하지만 어느 회사나 그렇듯 매번 조직개편을 통해, 새로운 관리자분이 오실 때 마다 공든 탑을 무너뜨리고 다시 쌓아야 했어요. 고객 중심이 아닌 조직의 목적과 상황, 그리고 관리자에 의해 바뀌는 상황들이 저의 힘을 빠지게 만들었습니다. 그리고 16년 차가 되었을 때 퇴사와 함께 1인 기업으로 독립을 결심하게 됩니다.

이렇게 10대, 20대 30대, 40대의 삶 안에서 제가 가졌던 특별한 경험, 특별한 문제점, 그리고 일어난 일에 대한 저의 반응들을 지켜보면서, '나'라는 사람에 대해 알 수 있게 되었습니다.

16년간 마케터로 일을 해오며, 기업의 매출 향상을 위해 브랜드를 기획하고 온라인마케팅에 집중해 온 것을 발견합니다. 광고 대신 소비자의 참여와 온라인 마케팅을 통해, 제품과 브랜드를 좋아하는 소비자 팬층을 만들어가며, 매월 우상향 곡선을 그리는 매출 그래프를 만들어 낸 특별한 경험들을 발견합니다. 이 세상 그 누구도 나와 같은 경험을 하는 삶을 살 수 없습니다. 그 경험 안에서 나의 관심사와 헌신을 발견하게 됩니다. 이렇게 과거를 되짚어보면서 우리 자신을 알아낼 수 있게 됩니다.

★ 멈춰 서서 나에게 질문하기

인생 기상도를 작성하고 나서, 자기 자신에게 4가지 질문을 해 보고 답을 써봅니다.

나에게 질문하기
1 나의 삶의 목적은 무엇인가?
2 삶에서 가장 중요하게 여기는 가치는 무엇인가?
3 당신은 어떤 일을 할 때 열정적인가요?
4 당신을 다른 사람과 다르게 만드는 게 있다면 무엇일까요?

저의 사례를 예를 들자면, 저의 삶의 목표는 가족의 행복 그리고 좋아하는 일을 즐겁게 하고, 세상에 도움 되는 삶을 사는 것입니다. 제가 살면서 가장 중요하게 여기는 가치는 열정, 공감, 성장이며, 어떤 일을 할 때 가장 열정적인가 봤더니 마케팅 프로젝트를 기획해서 성과를 낼 때였습니다. 나의 경험과 지식이 다른 사람에게 도움이 될 때, 강연이나 강의,

동기부여 이런 일을 할 때 가장 가슴이 뛰었습니다. 마지막으로 저를 다른 사람과 다르게 만드는 건 저의 특별한 경험이라고 생각했습니다. 16년간 마케터로 일하면서 광고비 없이 소비자들의 공감을 이끌어 마케팅 성과를 만들어냈던 경험이었습니다. 그 경험을 토대로 세상 사람들에게 도움을 주는 일이 나를 다른 사람과 다르게 만드는 일이라는 걸 알게 됐습니다.

제가 한 것처럼 여러분도 자신의 인생 기상도와 자신에게 하는 질문에 답을 작성해 보시길 바랍니다. 책의 마지막 파트에 미션지를 추가했으니 이를 활용해 여러분의 미션을 수행하시길 바랍니다.

★ 스윗 스팟은 내가 하고 싶은 일을 알고 있다

다음으로는 자신에 대해 더 면밀하게 살펴보기 위해 자기 탐색 서클 (Sweet spot)을 작성해 보며 자신이 하고 싶은 일을 찾아봅니다.

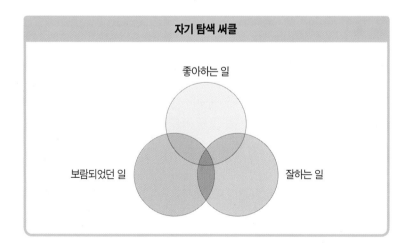

내가 정말 좋아하는 일, 내가 잘하는 일, 내가 보람을 느꼈던 일들이 어떤 건지 하나씩 작성해 보는 것입니다. 제가 잘하는 것을 써봤더니 온라인 마케팅, 블로그 마케팅, 서포터즈 마케팅, 소비자경험 마케팅, 쇼핑몰 마케팅을 발견할 수 있었습니다. 제가 좋아하는 것은 무엇인가를 분석하고 기획하는 일, 혼자 공부하는 것보다는 함께 공부하는 것, 가르치는 것 그리고 여행, 여유로운 삶입니다. 보람을 느꼈던 것을 찾아 보니 마케팅을 통해 매출을 확대했을 때, 소비자의 성장을 도왔을 때, 워킹맘으로서 경험을 나누었을 때, 마케팅 경험을 나누었을 때였습니다.

여러분도 세 가지 항목에 대한 답을 찬찬히 써 나가보세요. 그리고 이 세 가지 중 연결할 수 있는 부분들이 있는지 살펴보고 한번 묶어 보세요.

제 경우는 다음과 같았습니다. 제가 잘하고 좋아하고 보람을 느끼는 일은 마케팅 공부하고 가르치기, 사람들의 퍼스널 브랜딩 성장을 돕는

하고 싶은 일 = 꿈이 되는 일

☑ **잘하고 + 좋아하고 + 보람찬 일**

- 마케팅 공부하고 가르치기
- 사람들의 개인브랜딩 성장 돕기
- 인플루언서 양성
- 기업의 소비자 경험 콘텐츠 마케팅

마케팅 컨설턴트 or 퍼스널 브랜딩 코치

일, 인플루언서 양성하는 일, 기업에 소비자 참여를 이끌어 소비자 경험 콘텐츠 마케팅을 하는 것이었습니다. 이것이 제가 하고 싶은 일이었습니다. 하고 싶은 일을 직업으로 이야기해 보자면 '마케팅 컨설턴트' 또는 '퍼스널 브랜딩 코치'였습니다.

하고 싶은 일 Check Point

1 나의 꿈이 되는 일인가?

2 세상이 원하는 일인가?(사람에게 도움이 되는 일인가?)

3 나의 강점을 활용하는 일인가?

마지막으로는 하고 싶은 일, 꿈이 되는 일을 질문을 통해 한 번 더 체크해봅니다. **그 일이 나의 꿈이 되는 일인지, 나만 좋아서 하는 일인지, 아니면 세상이 원하는 일인지, 나의 강점을 활용하는 일인지 질문하고 답을 연이어 써 봅니다. 그렇게 하면 내가 하고 싶은 일, 꿈이 되는 일이 더욱 분명해집니다.**

자신을 들여다보는 시간을 통해 나는 어떤 사람인지, 내가 정말로 좋아하는 일은 무엇이었는지, 어떤 일에 의미를 두고 있는지 발견한다면, 내가 정말 하고 싶은 일이 무엇인지 발견할 수 있습니다. 지금 이 책을 가지고 카페로 가서 이 책의 마지막 파트 미션지를 열어서 여러분의 이야기를 작성해 보세요.

세상에 나를 알리는 하나의 단어, 브랜드 콘셉트 도출 공식

★ 세상에 나를 뭐라고 말할까?

자기 탐색의 시간을 통해 지금까지 살아온 삶을 되돌아 보셨나요? 바쁘게 삶을 살아 오느라 나에 대해 관심을 가질 시간이 없었는데, 삶을 되돌아 보니 많은 것들이 보입니다. 나는 무엇을 중요하게 여기는 사람이었는지, 어떤 특별한 경험을 가지고 있었는지를요. 이제 이런 삶을 살아온 나를 세상에 무엇이라고 이야기할지 나를 표현하는 하나의 단어를 찾아봅시다. 세상에 나를 알리는 하나의 단어, 브랜드 콘셉트. 그렇다면 나를 하나의 단어로 표현해야 하는 이유는 무엇일까요? 마케팅 활동을 하는 이유 중 하나는 사람들에게 우리 제품이 어떤 제품인지 인식시키고 기억시키기 위함입니다. 제품뿐만 아니라 사람도 마찬가지입니다. 나라는 사람이 어떤 사람인지 명확하게 이야기할 수 있어야, 나의 가치를 사람들에게 인식시킬 수 있기 때문입니다.

★ 기억에 남는 자기소개

모임에 참여해서 자기소개를 하는 경우가 많습니다. 자기소개를 하는 사람들 중에는 자신이 하는 일에 대해 장황하게 이야기하는 사람들이 종종 있습니다. "안녕하세요. ○○○입니다. 저는 이렇고 저렇고, 이런 일을 잘하고, 이렇습니다." 이런 경우 뭔가 할 줄 아는 게 많다는 것만 기억에 남지 딱히 어떤 사람인지는 알기 어렵습니다.

다른 예를 살펴볼까요. "안녕하세요. 공감을 통해 사람들의 마음을 움직이는 마케터, 공감마케터 최은희입니다. 저의 고객은 브랜드로 성장하고자 하는 개인입니다. 제가 하는 일은 SNS를 활용한 브랜드 마케팅을 통해 이 세상 가장 멋진 브랜드로의 성장을 돕는 일을 하고 있습니다. 저를 만나면 '나'라는 브랜드를 갖게 되고, 온라인상에 검색되는 나를 발견하게 됩니다. 세상에 나라는 브랜드의 이야기가 시작됩니다. 브랜드로의 성장을 원하신다면 연락주세요."

이런 경우에는 '아, 마케터구나, 브랜딩을 돕고 있구나, 기억해 두었다 연락해야지'라고 생각하게 됩니다. **바로 사람들의 머릿속에 인지되기 위해서는 장황하게 설명을 늘어놓는 것보다, 나라는 사람을 하나의 단어로 이야기하는 것이 효과적임을 알 수 있습니다.**

★ 브랜드 콘셉트

나를 표현하는 하나의 단어, 그것을 '브랜드 콘셉트'라고 합니다. 기업과 제품뿐만 아니라, 사람에게도 브랜드 콘셉트가 필요합니다. 브랜드

나는   **이다.**

어떤 분야의 어떤 사람

콘셉트를 정의한다는 것은 한마디로 저 빈 칸에 들어갈 단어를 찾는 것입니다. 사람들의 머릿속에 나를 인식시키는 하나의 단어, 어떤 분야의 어떤 사람으로 인식시킬 것인지를 정하는 것입니다. 어떻게 한 단어로 표현할지 어렵게 느낄 수도 있는데, '브랜드 콘셉트 설명문'을 통해 쉽게 도출하는 방법을 알아보겠습니다.

★ 브랜드 콘셉트 설명문 작성하기

브랜드 콘셉트 설명문
어떤 근거로 인해 ···················· Idea
누구에게 어떤 혜택을 주는 ·················· Target & Benefit
어떤 분야의 어떤 사람이다 ·················· Positioning

브랜드 콘셉트 설명문은 다음 3줄로 이루어져 있습니다.

어떤 근거로 인해 ········· Reason

누구에게 어떤 혜택을 주는 ········· Target & Benefit

어떤 분야의 어떤 사람이다. ········· Positioning(Concept)

첫 번째 '근거'는 자신의 삶 안에서 자신을 탐색하면서 콘셉트의 근거를 찾을 수가 있습니다. 제가 '공감마케터'라는 콘셉트를 잡을 수 있었던 것도 지금까지 살아온 삶의 경험이 근거가 되었습니다. 16년간 마케터로 일을 하며 가진 특별한 경험, 광고 대신 사람들의 공감을 통해 마케팅 성과를 낼 수 있었던 경험이 그 근거가 되었습니다.

두 번째 '누구'에게에 해당하는 타깃을 정하려면 이런 질문이 도움이 됩니다. '누군가 여러분에게 도움을 청하러 온다면 어떤 사람이면 좋을까?' 여러분이 가장 잘 도와줄 수 있는 사람이 타깃입니다. 타깃 또한 자기 탐색을 통한 '나다움'과 연결이 됩니다. 내가 살아온 경험, 나의 특징, 강점뿐만 아니라 나의 약점, 문제점, 내가 경험하고 내가 가진 것들을 통해 누군가에게 도움이 될 수 있어야 합니다. 여러분이 도움 줄 수 있는 사람이 바로 타깃입니다. 제 타깃은 '자신을 브랜딩하기 원하는 개인' 또는 '소비자들의 공감을 얻어서 자신의 시장을 만들고자 하는 기업' 이렇게 두 가지입니다.

'혜택'을 정의하려면 '타깃에게 어떤 도움을 줄 수 있는지?' 또는 '내가 가진 것 중에 타깃에게 가장 큰 혜택을 줄 수 있는 게 무엇인지?'와 같은 질문이 도움이 됩니다. 혜택 역시 '나다움'을 근거로 해야 합니다. 바로 내가 가지고 있는 것 중 타깃 고객에게 필요한 것을 찾아야 합니다.

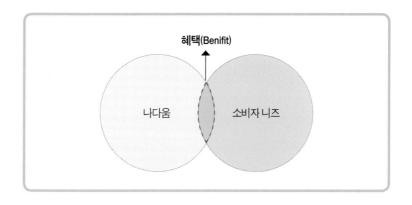

나는 가지고 있지만 타깃이 필요 없는 것은 굳이 줄 필요가 없습니다. 내가 가지고 있지 않은데 타깃이 필요한 것을 주려면 어려움을 느끼게 됩니다. 그래서 혜택은 내가 가진 경험, 문제점, 삶의 혜안에서 누군가를 도울 수 있는 요소들이 무엇인지로 정의할 수 있습니다.

마지막 세 번째 포지셔닝은 '어떤 분야에서 어떤 역할을 하는 사람이고 싶은지?'에 대한 질문에 답을 찾으면 됩니다. 저의 경우 분야를 '마케터'라는 영역으로 잡았습니다. '이 세상 많은 마케터들과 내가 다른 게 무엇일까?'라고 생각했을 때 저는 '공감'이라는 키워드를 찾았습니다. 과거 기업에서 마케터로 일을 하면서 경험한 것들이 브랜드 콘셉트를 정립하는 근거가 되었습니다. 바로 저는 광고 대신 소비자들의 경험 콘텐츠를 통해 다른 고객들의 공감을 얻고 마케팅 성과를 이루어냈던 경험들이 있었던 것입니다. 그래서 이 세상 많은 마케터들과 나를 다르게 만드는 요소로

'공감'을 선택할 수 있었습니다. 공감을 통해 사람들의 마음을 움직이는 마케터라고 포지셔닝을 한 것입니다.

공감마케터의 브랜드 콘셉트문

16년간 마케터로서의 경험과 퍼스널 브랜드의 성장을 도운 경험을 토대로 ········ Idea

브랜드로 성장하고자 하는 개인 또는 기업에게 ········ Target

SNS를 활용한 공감 마케팅을 통해 브랜드의 성장을 돕는 ········ Benefit

최은희는 공감 마케터이다. ········ Positioning(Brand Concept)

브랜드 설명문을 제 경우를 예로 들어 살펴보았습니다. 정리해서 이야기하면 '16년 마케터로서의 경험 그리고 퍼스널 브랜드 성장을 도왔던 경험을 토대로, 브랜드로 성장하고자 하는 개인 또는 기업에게 SNS를 활용한 공감 마케팅을 통해 브랜드의 성장을 돕는 최은희는 공감마케터이다.'라고 콘셉트 글을 작성할 수 있습니다. 그래서 최은희는 바로 '마케터라는 분야의 공감을 가장 중요하게 여기는 공감마케터'라고 콘셉트를 정의할 수 있었습니다. 이런 과정을 따라 여러분도 브랜드 설명문을 작성해 보시기 바랍니다.

여기 자신을 하나의 단어로 정의한 많은 사람들이 있습니다. 하나의 단어와 3줄의 문장 안에는 그들의 삶의 경험이 녹아 있습니다. **자신을 하**

브랜드 콘셉트를 정립한 사람들

나의 단어로 정의 내린 '브랜드 콘셉트'가 있다면 자신의 명함, 블로그, 인스타그램, 자기소개, 강의PPT 등 자신을 표현하는 모든 곳에 일관되게 사용해 주세요. 그것이 바로 사람들에게 여러분을 인식시키는 브랜딩의 가장 기본적인 방법입니다.

★ 브랜드 콘셉트의 의미

브랜드 콘셉트는 바로 사람들이 나를 찾아오는 이유이고, 나의 제품을 사는 이유, 나를 사랑하는 이유에 해당합니다.

브랜드 콘셉트를 저는 '밤하늘의 북극성'에 비유합니다. 깜깜한 밤에는 내가 어디 있는지, 어디로 가야 할지 알 수가 없습니다. 하지만 브랜드 콘셉트를 정립하고 나만의 북극성이 밤하늘에 있다면, 내가 현재 어디에 위치해 있고, 어떤 방향으로 걸어가야 할지 알 수 있다는 겁니다. 그러면 누가 옆에 와서 "이거 하면 좋아."라고 해도 "그건 내가 가고자 하는 방향

북극성

이 아니야." 하면서 나의 기준을 가지고 판단할 수 있습니다. 브랜드 콘셉트를 가진다는 건 자신이 원하는 일에 명확한 방향성을 가진다는 의미입니다.

그래서 퍼스널 브랜딩에 첫 번째 필요한 게 바로 이 '콘셉트'입니다. 콘셉트가 정의되었다면, 이제 더 이상 우왕좌왕하지 말고, 나만의 북극성을 바라보고 콘셉트와 일관되게 브랜드 마케팅을 시작하시면 됩니다. 콘셉트 정립과 브랜드 마케팅 방법까지 이 책에서 모두 알려드릴 예정입니다.

강력한 영감을 주는
실전 브랜드 콘셉트 노하우

이제 다른 사람들은 어떻게 콘셉트를 잡았는지 사례들을 참고하면서 나의 브랜드 콘셉트와 설명문을 작성해보겠습니다.

★ **브랜드 콘셉트 사례1** **컬러핏 뷰티 멘토 김진선**

제주도에서 메이크업 서비스 사업을 하고 계신 김진선 님의 삶을 함께 들여다보겠습니다. 이분은 지인의 권유로 『열정은 기적을 낳는다』
라는 메리케이 애쉬의 책을 읽게 되었습니다. 책의 내용에 감명을 받
은 김진선 님은 메리케이로 이직하게 되었습니다. 메이크업 사내 강사
로 활동하면서 사람들에게 걸맞는 메이크업을 잘하고, 사람들에게 전
달하는 재능이 있다는 것을 발견하셨습니다. 남편의 사업으로 제주도
로 전 가족이 이사하면서 현재 제주도에서 메이크업과 퍼스널 컬러 서
비스를 제공하고 계십니다.

김진선 님은 바로 사람들의 퍼스널 컬러에 맞는 메이크업 서비스를
통해 사람들에게 아름다움을 선사해주고 계신데요. 이 일을 하면서 사
람들이 만족하고 행복해하는 것을 보는 것이 그녀의 기쁨입니다. 이분
의 삶을 들여다보고 브랜드 콘셉트를 정립해 봅니다.

먼저 브랜드 콘셉트의 근거는 13년 경력의 메이크업과 헤어 경력, 퍼

김진선

Idea	13년 경력의 메이크업 헤어 경력, 퍼스널 컬러를 통해 외면의 아름다움 창조
Target	자신에게 어울리는 메이크업과 스타일을 원하는 사람들
Benefit	자신에게 맞는 컬러를 찾아, 더 아름다워질 수 있는 방법을 알려주는
Concept	김진선은 컬러핏 뷰티 멘토이다.

스널 컬러를 통해 외면의 아름다움을 창조해온 경험이었습니다. 이런 경험을 토대로 그녀가 도울 수 있는 타깃은, 자신에게 어울리는 메이크업과 스타일을 원하는 사람들이었습니다. 그들에게 어떤 도움을 줄 수 있는지 들여다보니, 자신에게 맞는 컬러를 찾아 아름다워지는 방법을 알려주는 역할을 발견했습니다.

그래서 그녀의 브랜드 콘셉트를 '컬러핏 뷰티 멘토'라고 정립할 수 있었습니다. 제주도에 수많은 메이크업, 퍼스널 컬러 서비스를 제공하는 사람들과 구분되는, 그녀를 한마디로 표현할 수 있는 단어가 만들어졌습니다. 이제 그녀는 퍼스널 브랜드 콘셉트에 이어, 비즈니스 상호도 '컬러핏colorfit'으로 네이밍을 변경하고, 퍼스널 브랜드와 연결된 비즈니스로 브랜드를 확장해 나가고 있습니다.

★ **브랜드 콘셉트 사례 2** **디지털 리터러시 멘토 길경자**

이분은 IT 문외한으로 오프라인 화장품 매장을 오랫동안 운영하셨어요. 시장이 온라인으로 중심축을 이동하는 시대의 흐름을 외면하고 기존 방식을 고수한 탓에 매장을 접게 되었습니다. 어느 날 길경자 님은 신문에서 일본의 80세 코딩 할머니인 '와카미야 마사코'의 기사를 보고, 아직 '나도 늦지 않았다'라는 생각이 들었다고 합니다.

컴퓨터를 배우러 컴퓨터 학원에 갔다가 드론을 알게 되며, 막연히 꿈꿨던 강사로 설 수 있게 되었습니다. 지금은 새로운 시대의 변화인 메타버스 분야의 강의도 하고 있는데요. 그녀의 삶에서 그녀의 헌신과 관심사를 발견합니다. 그녀처럼 IT 문외한인 사람도 배우고 마음먹으면 누구든 디지털 세상을 누릴 수 있다고 생각했어요. 100세 시대 노년에도 디지털 세상에 소외되지 않도록 사람들을 돕고 싶은 마음을 발견하셨어요.

이런 경험을 토대로, 그녀의 타깃은 디지털 세상이 어렵다고 느끼는 사람들로 정의하였습니다. 그들에게 어떤 도움을 줄 수 있는지 들여다보니, 바로 드론과 메타버스에서 출발해서 디지털 세상의 이해와 활용을 도와 디지털 문맹에서 탈출하는 것을 도울 수 있었습니다. 그래서 '길경자는

길경자

Idea	IT 문외한으로 살아온 삶, 늦은 나이 컴퓨터 공부를 시작으로 드론, 메타버스 도전의 경험
Target	디지털 세상이 어렵다고 느끼는 사람들에게
Benefit	메타버스와 드론으로 시작해 디지털 세상의 이해와 입문을 돕는
Concept	길경자는 디지털 리터러시 멘토이다.

디지털 리터러시 멘토이다'라는 브랜드 콘셉트를 정립해 드렸습니다.

현재 길경자 님은 화장품 매장을 운영했던 과거의 삶과 완전히 다른 삶을 살아가고 계십니다. 디지털 세상에 진입하여 새로운 것을 배우고 익혀서, 그녀의 도움이 필요한 사람들에게 나눠주는 일을 하고 계십니다. 지속적으로 메타버스와 드론 관련 콘텐츠를 발행하며, 관련 강의를 개발하고 있습니다.

두 분의 브랜드 콘셉트 사례를 살펴보면서 영감을 얻으신 분들이 많으실 겁니다. 이 책의 마지막 부분 미션을 통해 여러분의 브랜드 콘셉트를 꼭 도출해 보시기 바랍니다. 혼자서 해 보시고 잘 안 되신다면 '세나시 브랜딩 스쿨'의 퍼스널 브랜딩 과정에 참여해 보실 수도 있습니다.

2-4

세상의 모든 직업, 유형별 브랜드 콘셉트 사례

자신의 브랜드 콘셉트를 정립해서 세상에 자신의 이야기를 해 나가고 있는 많은 사람들이 있습니다. 정말 다양한 분야의 일과 삶에서 나라는 브랜드를 찾아 디지털 브랜딩으로 기회를 맞이한 사람들의 이야기가 있습니다.

퍼스널 브랜딩의 다양한 유형들	
• 퇴직자	• 1인 기업
• 전업주부	• 강사, 컨설턴트
• 직장인	• 프리랜서
• 센터원장(학원장 등)	• 네트워크 사업자
• 자영업자(소상공인 등)	• 에이전트

여러 가지 유형 중 5가지 유형에 해당하는 대표적인 분들의 퍼스널 브랜딩 사례를 소개합니다.

(1) 퇴직 후 퍼스널 브랜딩

퇴직 후, 퍼스널 브랜딩 사례

37년 보건직 공무원 퇴직   셀프 건강 마스터

생활단식으로 건강을 찾은 경험   **건강한 생활습관을 전파**

먼저 퇴직을 하고 퍼스널 브랜딩을 시작하는 사례가 있습니다. 37년간 보건직 공무원으로 근무를 하다 명예퇴직을 결정하고 홀로서기를 한 대표님입니다. 은퇴 후 삶을 고민해야 하는 시점에서 대표님의 삶을 함께 들여다보았습니다. 보건직 공무원으로 근무하면서 감염병예방사업, 통합건강증진사업 등을 추진하는 일을 해왔습니다. 만성질환을 겪는 사람들이 한번 약을 복용하면 완치되기보다는 복용하는 약이 계속 늘어나다 결국 합병증으로 사망하는 경우가 발생하는데, 늘 안타깝다는 생각을 하게 되었습니다. 본인 또한 스트레스와 호르몬 변화로 우울증, 비염, 대상포진 등을 앓게 되었는데 우연하게 만난 생활 단식을 통해 건강을 되찾는 경험을 하게 됩니다. 100세 시대에 건강한 삶을 원하는 사람들에게 건강한 생활습관이 무엇보다 필요함을 느끼고, 자신의 몸을 자신이 지키는 습관을 만드는 것을 돕는 데 헌신을 발견하게 됩니다.

이분의 퍼스널 브랜딩을 '셀프 건강 마스터'라는 브랜드 콘셉트로 정립했고, 지금은 자신의 삶의 경험과 건강에 대한 정보와 지식을 나누며 퇴

직 후 누구보다 자신 있게 건강 비즈니스를 하고 있습니다.

(2) 전업주부의 퍼스널 브랜딩

전업주부의 퍼스널 브랜딩 사례

10년 차 전업 주부 · 스몰스텝 엄마코치

독서와 글쓰기를 좋아하는 **엄마들의 작은 시작을 돕는**

이분은 맞벌이 부모 밑에서 자라나 엄마의 품이 항상 그리웠던 유년시
절의 경험으로, 결혼 후 직장생활을 그만두고 전업주부의 삶을 선택했습
니다. 아이들이 조금씩 커가면서 본인의 시간이 생기며, 무언가를 하고
싶었지만 무엇을 해야 할지 몰랐다고 합니다. 나도 한때는 내 일이 있었
는데 지금은 왜 할 수 없을까? 아이들을 양육하면서 나도 성장할 수는 없
을까? 이런 고민을 하면서 자존감이 낮아진 엄마들을 돕고 싶은 마음을
발견하였습니다. 독서와 글쓰기를 좋아하는 그녀의 강점을 살려, 책과
글쓰기를 통해 엄마들의 작은 시작을 돕는 역할로 '스몰스텝 엄마코치'라
는 브랜드 콘셉트를 정립해 드렸습니다. 육아를 하면서 자기 자신도 조
금씩 지속적으로 작은 성장을 이룰 수 있는 커뮤니티를 만드는 것, 그녀
는 꿈을 향해 오늘도 작은 걸음을 걷고 있습니다.

(3) 직장인의 퍼스널 브랜딩

재직 중 퍼스널 브랜딩 사례

병원 홍보 담당자

홍보 및 커뮤니케이션 담당

시너지 큐레이터

**개인과 기업 시너지 상승
사이드 프로젝트 진행**

이분은 회사를 다니면서 퍼스널 브랜딩을 하게 되었습니다. 병원 홍보 담당자로 오랜 근무 경험이 있는데 홍보와 커뮤니케이션을 주로 담당했습니다. 그래서 어떤 콘셉트로 퍼스널 브랜딩을 할 수 있을까 들여다봤더니, 중간 관리자로서 직원과 임원 간, 회사와 언론사 간 커뮤니케이션을 담당하면서 개인과 기업의 시너지를 내는 데 기여하고 있었습니다. 그래서 이런 경험과 그녀의 장점을 토대로 '시너지 큐레이터'라는 콘셉트를 정립했습니다. 현재 그녀는 다양한 사이드 프로젝트를 진행하면서, 직장생활도 열심히 하며, 동시에 월급 외 수익을 창출하며 퍼스널 브랜딩을 하고 있습니다.

(4) 센터 원장의 퍼스널 브랜딩

동탄에서 심리상담센터를 운영하고 있는 원장님으로 30대 초반부터 가부장적 환경에서 어려움을 겪고 있는 여성들을 만나 상담하는 일을 시작했습니다. 40대에는 교회에서 교인들의 삶을 깊이 있게 듣고, 함께 아파하며, 교인들이 자기 자신을 발견하고 희망을 찾아가는 과정들을 경험하게 되었습니다. 그 과정에서 자기 안의 굴레 속에서 자유롭지 못하고 괴로움을 느끼는 사람들을 발견하게 되었습니다. 그들에게 친구가 되어주고 힘이 되어 주어야겠다는 생각을 하게 됩니다. 그렇게 심리상담센터를 오픈해서 운영했지만 코로나로 상담이 줄어들어 어떻게 해야 할지 고민하게 되었습니다.

　당시 원장님이 운영하고 있는 심리상담센터는 여느 다른 심리상담센터와 별반 다를 것이 없었습니다. 사람들이 다른 센터가 아닌 이 센터를 선택할 수 있는 이유를 만들어 주는 것이 퍼스널 브랜딩의 목적이었습니다. 원장님의 삶 안에서, 원장님이 심리상담에 있어서 중요하게 여기는 요소를 발견하였습니다. 무엇보다 상대방의 삶에 잘못된 것이 없음을, 지금 이대로의 자신이 괜찮다는 것을 스스로 깨달을 수 있도록 상담을 통해 도움을 주고 계신 것을 발견하게 되었습니다.

　사람들이 현재 자신이 가진 제약 안에서 다시금 희망을 볼 수 있도록, 지금까지 잘 해온 자신을 인정하고, '나라서 괜찮구나'를 받아들이도록 옆에서 함께하는 사람으로서 원장님의 브랜드 콘셉트를 '괜찮아 희망 가이드'로 정립해드렸습니다. 원장님의 콘셉트가 명확해지니, 원장님이 운영하는 심리상담센터는 이 세상에 유일무이한 센터가 되었습니다. 전화 통화를 할 때면, 퍼스널 브랜딩 이후에 상담 문의가 많아졌다는 기분 좋은 소식도 전해 들을 수 있었습니다.

(5) 자영업자의 퍼스널 브랜딩

이분은 어렸을 때 얼굴에 여드름이 많아 자신감이 떨어져 위축되어 있다가 메이크업, 피부 관리를 받으면서 자신감을 회복했습니다. 오랫동안 뷰티 관련 네트워크 사업자로 일을 하다가 최근에 자신의 이름으로 피부 관리숍을 오픈하게 되었습니다. 피부 관리숍 브랜딩뿐 아니라 자신의 퍼스널 브랜딩이 필요한 시기에 저를 만나서 1타 쌍피, 퍼스널 브랜드 콘셉트에서 창업 브랜딩까지 연결 지어 하게 되었습니다. 그리고 자신의 피부 관리 노하우와 철학으로 진정한 아름다움을 찾아주는 역할로 '리얼 뷰티 파인더'라는 콘셉트를 잡고, 현재 목감에서 '뷰티명작'이라는 피부 관리숍을 운영하고 있습니다. 개업하자마자 회원권 매출이 늘어나는 경험을 하고 있습니다.

　이렇게 다섯 가지 사례들을 살펴봤습니다. 다양한 분야에서 다양한 업에 종사하는 많은 사람들이 세상에 자신의 존재 의미를 정의하고, 지금보다 더 자신감 있게 일을 하고 있습니다. 자신의 사업을 펼쳐나가는 데 가장 효과적인 퍼스널 브랜딩. 창업을 생각하고 있다면, 기업과 제품을 브랜딩하기 전에 자신이라는 브랜드를 정의하고 시작하기 바랍니다.

　대표의 정체성이 분명하면, 대표가 운영하는 기업과 그 기업이 만들어 내는 제품과 서비스도 본질이 명확해지게 됩니다. 바로 제가 브랜드 마케팅을 개인의 브랜드에서 시작하는 이유입니다.

온라인에서 나를 알리고 싶은데
어떻게 해야 할지 모르겠어요

독립이 두려웠던 초보 강사에서 온라인에서 검색되는 인기 강사로

자기 소개 및 퍼스널 브랜딩을 하기 전의 모습

청소년 진로 강의를 하고 있는 '유스 라이프 멘토' 한효원입니다. 저는 함께 일을 하던 친구와 헤어지면서 홀로서기를 해야겠다는 생각을 하다 '세나시 브랜딩 스쿨'을 만났습니다. 코로나로 인해 온라인상에 나를 알리는 게 중요하겠다는 생각을 했습니다. 하지만 생각만 할 뿐 실천이 되지 않아서 고민만 하고 있었죠. 막막하다는 표현이 가장 맞는 것 같아요. 내가 원하는 게 정확히 무엇인지 모르니 답답하고 뭔가 이루고 싶은데 그게 뭔지도 모르겠어서 이러지도 저러지도 못하고 있었던 것 같아요.

퍼스널 브랜딩을 통해 얻게 된 것

퍼스널 브랜딩 과정을 통해 얻은 가장 큰 것은 '도전에 대한 망설임'이 없어지고, '자신감'을 가지게 되었다는 거예요. 나의 사명과 비전에 대해서 생각하게 되고, 앞으로 어떻게 나아갈지 목표가 정해지고 명확하게 가이드라인이 만들어졌다고 생각합니다. 방법을 몰랐는데 나를 알리는 방법과 미래에 대한 기대를 가지게 되었습니다.

퍼스널 브랜딩 과정 참여 전에는 새로운 시작이 두렵고 부정적인 부분들이 많았다면 지금은 새로운 도전도 해 보는 패기가 생겼고 실패하더라도 거기에서 얻는 게 더 많다는 생각이 듭니다. 지금은 세나시를 통해 만난 최은희 대표님과 많은 1인 기업 대표님들이 저의 삶을 비추는 등불 같은 존재라는 생각이 듭니다.

퍼스널 브랜딩을 통한 새로운 경험 및 성과

현재는 블로그를 통해 강의 문의가 많이 들어와요. 기존에 진행했던 분야 이외에 새로운 분야의 강의 의뢰도 들어옵니다. 사실 '온라인상에 검색되는 나'를 만드는 게 제 목표였는데요. 이제는 그 목표를 완벽하게 달성했다고 생각합니다.

또한 인생 기상도를 통해 내가 어떤 사람인지 깨달았습니다. 내가 어떤 사람인지 알게 되니 내가 원했던 것들이 명확하게 보이기 시작했습니다. 그리고 나라는 사람을 블로그를 통해 세상에 알리기 시작했습니다. 블로그 리뉴얼 과정에서 운영 방법이나 포스팅을 할 때 상위 노출에 대한 개념이 생기게 됐습니다. 실제로 상위 노출 키워드 덕분에 내가 가만히 있어도 나의 도움이 필요한 사람들이 나를 찾아오도록 만드는 온라인상의 브랜딩 방법을 알게 되었어요.

퍼스널 브랜딩을 꼭 추천하고 싶은 사람

저는 누구나 퍼스널 브랜딩이 필요하다고 생각합니다. 어디로 가는지 모르고 바쁘게만 살아왔던 삶에서, 자신의 삶의 명확한 목표와 방향을 세우게 되면, 우리의 삶은 달라집니다. 내가 지금껏 몰랐던 나의 강점과 내가 중요하게 여기는 가치를 발견하게 됩니다. 그리고 그것을 통해 나다운 브랜드로의 출발이 가능합니다.

저는 저와 같은 초보 강사, 경력단절 여성, 1인 기업가, 내가 어떤 사람인지 알고 싶은 분, 온라인상에 나를 알리고 뭔가 시도하고 싶은데 용기가 안 나고 방법도 모르는 분들, 새로운 시작을 꿈꾸는 분들에게 퍼스널 브랜딩을 꼭 추천하고 싶습니다.

SNS
PERSONAL
BRANDING

PART 3

사람들의 마음을
단숨에 사로잡는
마케팅 비밀병기
–브랜드 스토리 최강 전략 수립법

사람들의 고개를 끄덕이게 만드는 브랜드 스토리

브랜딩의 강력한 무기, 브랜드 스토리 만드는 방법을 함께 알아보겠습니다. 먼저 브랜드 스토리는 어떤 의미일까요? 앞에서 우리는 브랜드 콘셉트를 도출했습니다. 브랜드 콘셉트는 사람들에게 나를 인식시킬 하나의 단어를 도출해내는 것입니다. 콘셉트가 도출된 후 해야 할 일을 알려드

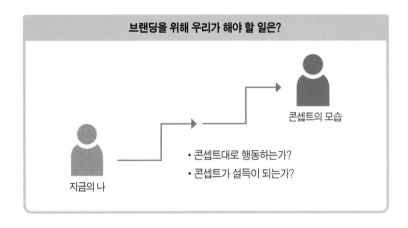

브랜딩을 위해 우리가 해야 할 일은?

콘셉트의 모습

지금의 나

• 콘셉트대로 행동하는가?
• 콘셉트가 설득이 되는가?

리겠습니다.

지금의 '나'와 여러분이 도출한 콘셉트의 모습이 있습니다. 지금의 나와 콘셉트의 모습이 일치하나요? 제 질문에 정확하게 '예'라고 대답하시는 분은 많지 않으실 거예요. 지금의 나와 콘셉트의 모습에는 갭이 존재합니다. 당당하게 콘셉트의 모습이 되기 위해서는 여러분의 노력이 필요합니다. 콘셉트에 가까워지고자 노력하고 있는지 또는 콘셉트대로 행동하고 있는지가 중요합니다.

여기서 이야기하는 브랜드 스토리는 단순히 브랜드 이야기가 아니라 여러분이 정립한 브랜드 콘셉트와 연관성이 있는 이야기입니다. 다른 말로는 여러분의 브랜드 콘셉트를 입증할 수 있는 이야기가 브랜드 스토리여야 합니다.

"사람들의 고개를 끄덕이게 하는 장치, 브랜드 스토리"

사람들에게 "나는 공감마케터야"라고 한다고 "어, 그래, 너 공감마케터지"라고 하지 않습니다. 내가 왜 공감마케터인지 사람들이 이해하기 쉽게끔, '아, 그래서 공감마케터라고 하는구나', '아, 역시 공감마케터야'라고 고개를 끄덕이게 할 수 있는 장치가 브랜드 스토리입니다.

사실 저는 마케터이기 때문에 마케팅 관점으로 퍼스널 브랜딩에 다가갔지만 지난 몇 년간 100여 명의 1인 기업가들의 퍼스널 브랜딩을 도와드리면서 퍼스널 브랜딩은 마케팅보다는 사람들의 삶 자체를 들여다

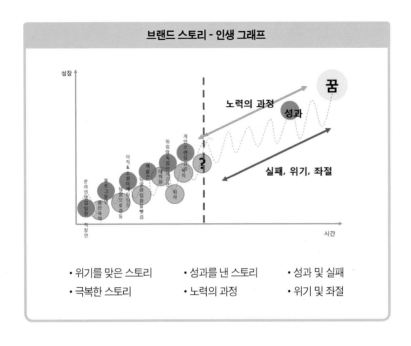

브랜드 스토리 - 인생 그래프

- 위기를 맞은 스토리 ・성과를 낸 스토리 ・성과 및 실패
- 극복한 스토리 ・노력의 과정 ・위기 및 좌절

보는 것이 더 중요하다는 것을 발견하게 되었습니다.

예를 들어 여기 저의 인생 그래프가 있습니다. 중간에 점선이 현재를 나타내고 점선의 왼쪽은 과거에 해당합니다. 우리 인생은 이렇게 오르락 내리락의 그래프를 가지고 있습니다. 지금까지 살아 온 삶 안에서 여러 분이 콘셉트와 관련해서 위기를 맞았던 스토리, 그 위기를 극복한 스토리 또는 성과를 낸 스토리 같은 것들을 찾아보는 겁니다. 이게 바로 현재에서 과거를 되돌아보며 나의 브랜드의 탄생 스토리를 찾는 과정입니다.

점선에서 오른쪽은 미래에 해당합니다. 앞에서 우리는 브랜드 콘셉트를 정립했고 그것을 우리 꿈의 모습으로 정의한다면 그 콘셉트의 모습이 되고자 우리는 앞으로 더 노력해 나갈 수 있습니다. 노력의 과정 중에는 성과를 내는 때도 있겠지만 실패를 할 수도 있고, 위기나 좌절을 맞을 수도 있습니다. 여러분의 노력의 과정, 성과, 실패, 위기, 좌절 이 모든 것들이 바로 여러분의 브랜드 스토리가 됩니다.

왼쪽 인생 그래프를 브랜드 스토리로 이야기하면, 점선에서 왼쪽은 과거의 스토리이며 점선에서 오른쪽은 앞으로 우리가 만들어갈 스토리에 해당합니다.

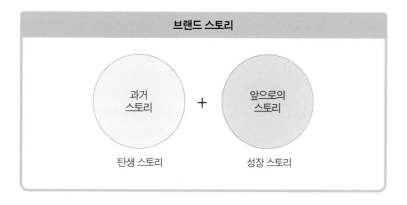

우리는 과거의 스토리 안에서 내 브랜드의 콘셉트를 입증할 수 있는 브랜드 탄생 스토리를 만들 수 있습니다. 또 앞으로의 스토리 안에서는 우리 브랜드가 앞으로 성장해나갈 성장 스토리를 만들 수가 있습니다.

지금까지 우리가 생각했던 스토리는 단순한 이야기였지만 오늘 이 책을 통해서 우리 삶의 모든 행적들이 '나'라는 브랜드를 만들어내는 모든 스토리에 해당하는구나, 잘한 것만 스토리가 아니구나, 내가 실패하거나 위기, 좌절을 경험한 것도 다 스토리구나 하는 것을 알게 되었습니다.

마케팅 전쟁의 강력한 비밀병기 브랜드 스토리 만드는 방법

나의 실패, 좌절의 경험도 모두 나의 브랜드 스토리가 된다는 사실, 신선하지 않았나요? 이제 그 브랜드 스토리를 구체적으로 함께 만들어보도록 하겠습니다.

다음 질문에 답을 해 보세요. 지금까지 나의 꿈 또는 나의 브랜드 콘셉트와 관련해 내가 노력했던 일이 무엇이었는지, 또는 경험했던 일이 무엇이었는지?

> "과거의 스토리 중
> 브랜드 탄생 스토리는
> 강력한 나의 WHY가 된다."
> -공감마케터-

누군가 여러분에게 "지금 왜 그 일을 하시나요?"라고 물어봤을 때 뭐라고 답변할 수 있나요? 분명하게 답변할 수 있을까요? 보통의 대답은 "어쩌다 보니…"입니다. 하지만 이 질문에 여러분이 분명하게 답을 한다면, 지금 하는 일이 여러분의 꿈이 되는 일일 확률이 높습니다.

왜 그 일을 하시나요? 이 질문에 답을 명확하게 한다는 것은 여러분의 본질이 분명하다는 의미입니다. 사람들이 여러분과 여러분의 일을 신뢰한다는 이야기입니다. 그리고 사람들이 쉽게 여러분의 존재를 인정한다는 뜻입니다. 그렇다면 여러분 모두 쉽게 이 질문에 답을 이야기할 수 있도록 필요한 도구를 알려드리겠습니다.

바로 스토리텔링을 쉽게 하는 방법인데, 바로 찰찰찰, 3찰 스토리텔링 방식입니다.

첫 번째는 관찰입니다. 나에게 이런 일이 있었다.

두 번째는 성찰입니다. 나는 이런 생각이 들었다.

어떻게 이유를 이야기할까?

Storytelling
찰 - 찰 - 찰

POINT

관찰 - 이런 일이 있었다.
성찰 - 이런 생각이 들었다.
통찰 - 이런 의미, 가치를 발견하고 배웠다.

마지막 통찰입니다. 여기 이런 의미가 있구나, 이런 가치를 발견하고 배웠다.

3찰 스토리텔링 방식을 활용해 브랜드 탄생 스토리를 만들어 보겠습니다.

★ '세나시 브랜딩 스쿨' 브랜드 탄생 스토리

제가 지금 운영하고 있는 '세나시 브랜딩 스쿨'의 브랜드 스토리를 예로 들어보겠습니다.

첫 번째 관찰은 16년간 기업에서 마케터로 열심히 일을 했습니다. 광고 대신 소비자의 참여를 이끌어 마케팅의 성과를 높일 수 있었습니다. 200명 넘는 브랜드 서포터즈를 양성하면서, 온라인이라는 기회의 장을 통해 평범한 사람이 브랜드가 되는 과정을 지켜보았습니다. 동시에 브랜드 서포터즈들의 퍼스널브랜딩을 돕게 되었습니다.

두 번째 성찰은 퇴사를 하고 브랜드 서포터즈들의 삶과 제 삶을 비교해보니, 그들은 '자신의 이름으로 사는 삶'이었다면 나는 '직장인'이란 이름으로 삶을 살았구나! 하는 생각이 들었습니다.

마지막 통찰은 열심히만 삶을 살아온 이 세상 많은 사람들이 놓쳤던 온라인상의 기회를 찾아 주는 것, 다시 말해 온라인상에 자신의 존재, 자신의 콘텐츠를 통해 세상에 '나'라는 브랜드 이야기를 시작하는 일을 돕는 것이 제가 해야 할 일이라는 것을 깨달았습니다. 저에게도 필요하고 이 시대 열심히만 살아온 많은 사람들에게 꼭 필요한 퍼스널 브랜딩 교육을 해야 되겠다고 결심하였습니다.

그래서 독립 후 가장 먼저 선택한 저의 일은 '세상에 나를 알리는 시간'의 약자인 '세나시 브랜딩 스쿨'을 운영하는 것이었습니다. 이렇게 3찰 방식으로 살펴보니 제가 세나시 브랜딩 스쿨을 만든 이유를 명확하게 설명할 수 있습니다.

★ '공감마케터' 브랜드 탄생 스토리

'공감마케터'라는 저의 브랜드 콘셉트 역시 관찰, 성찰, 통찰로 브랜드 스토리를 이야기할 수 있습니다.

'관찰'은 중소기업에서 온라인영업 팀장으로 일을 했습니다. 마케팅 예산과 인력이 부족한 상태로 매달 매출 목표를 달성하기 위해 고군분투했습니다.

'성찰'은 광고비와 인력 없이 내가 활용할 수 있는 자원은 어떤 것이 있는지 생각하게 되었습니다. 주부 모니터라는 단어가 제 머리를 스쳤습니다. 주부 모니터를 운영하며 다양한 소비자 서포터즈들을 기획하고 마케팅 전 단계에 소비자들의 참여를 이끌 수 있었습니다. 그 과정을 통해, 광고보다 더 효과적인 것이 우리 제품과 서비스를 경험하고 만족한 소비자들의 이야기인 것을 깨닫게 되었습니다. 소비자들의 이야기는 다른 소비자들의 '공감'을 이끌었고, 충성도 높은 소비자 서포터즈들 덕분에 저는 매년 우상향 곡선을 그리는 매출을 내는 온라인 영업 팀장이 되었습니다.

이런 경험을 통해 얻은 '통찰'은 마케팅에서 가장 중요한 것은 사람들의 공감을 얻어내는 것이며, 세상 수많은 마케터 중 공감 요소를 가장 중요하게 여기고, 공감을 가장 잘 이끌어 내는 마케터로 저를 포지셔닝하게 되었습니다. 그래서 저의 브랜드 콘셉트를 '공감마케터'로 정립할 수 있었습니다.

"왜 공감마케터가 되셨나요?"라고 누가 저에게 물어본다면, 이렇게 찰찰찰 스토리텔링 방식으로 이야기한다면 상대가 명료하게 이해할 수 있을 것입니다.

★ '나'의 브랜드 탄생 스토리를 올릴 때

여러분 역시 삶을 되돌아보고 앞서 정립했던 브랜드 콘셉트에 대한 이유를 '찰찰찰'로 만들어보길 바랍니다. 작성된 브랜드 스토리는 본인 블로그 또는 SNS에 '#세나시 #세상에나를알리는시간 #세나시브랜딩'이라는 해시태그 또는 키워드와 함께 올려보세요. 해당 해시태그를 통해 다른 분들의 스토리들도 함께 보면 많은 영감을 얻으실 수 있을 겁니다. 또는 다른 분들의 사례를 통해 이미 작성한 스토리를 더 멋지게 고쳐볼 수 있는 계기도 될 수 있습니다.

성공을 빠르게 당기는, 브랜드 전략 및 실행 리스트 작성법

이번에는 앞으로의 미래, 즉 우리의 브랜드 성장 스토리를 만들어 보겠습니다. 이 성장 스토리가 바로 브랜드 전략과 실행 리스트에 해당하는 내용입니다.

먼저 전략의 의미를 살펴보겠습니다. 보통은 전략 하면 어려운 마케팅 용어라고 생각할 수 있습니다. 쉽게 말해 '한정된 자원으로 목표를 이루기 위해 우리가 해야 할 일을 선별하는 일', 이것을 저는 전략이라고 합니다.

1인 기업이든 프리랜서든 직장인이든, 여러분이 지금 사용하는 시간과 노력 등은 모두 한정된 자원입니다. 그런데 여러분의 브랜드 콘셉트를 분명하게 하기 위해서는 해야 할 수많은 일들 중 어떤 일을 해야 할지 선별해야 하는데, 그것을 전략이라고 생각하면 됩니다. 퍼스널 브랜드 전략이라고 하면 나의 브랜드 콘셉트의 모습이 되기 위해서 내가 해야 할 일들을 선별하는 것으로 이해하면 됩니다.

앞서 살펴봤던 인생 그래프에서 점선의 오른쪽에 해당하는 앞으로의 미래, 꿈을 이루고자 지금부터 어떤 노력을 하면 내 브랜드가 더 굳건해질지 함께 살펴보겠습니다.

★ 꿈을 이루는 도구, 만다라트 계획표

미래의 브랜드 성장 스토리 설계를 하는 방법으로 추천하는 도구는 바로 '만다라트 계획표'입니다. 바로 우리의 꿈을 이루기 위한 노력의 과정을 설계하는 도구, 만다라트 계획표를 소개해드립니다.

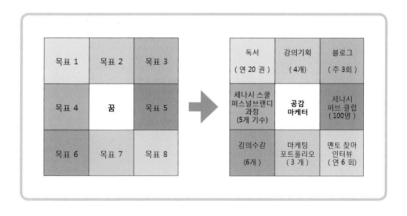

만다라트 계획표는 그림과 같이 총 9개의 칸을 만들어서 가운데에 여러분이 이루고자 하는 꿈을 적습니다. 그리고 그 꿈을 이루기 위해 해야 하는 중간 목표들을 주변 8칸에 적으면 됩니다. 중심에 브랜드 콘셉트를 적고, 브랜드 콘셉트로 브랜딩을 더 확고하게 하기 위한 나의 중간 목표를 주변에 적으면 됩니다.

저의 예를 들면, 가운데에 '공감마케터'를 적고, 공감마케터로 브랜딩을 확실하게 하기 위해서 해야 할 마케팅 관련 독서(연 20권), 관련 강의 4개 기획, 세나시 스쿨 퍼스널 브랜딩 과정 5개 기수 운영 등을 주변 칸에 적었습니다.

저는 꿈을 이루는 방법이 볼링을 잘 치는 방법과 비슷하다는 것을 알게 되었습니다. 볼링은 공을 굴려서 10개 핀을 많이 넘어뜨릴수록 좋은 점수를 받습니다. 어느 날 제가 볼링에 대해 전혀 배우지 못한 채 볼링장에 가게 됐습니다. 아무리 공을 굴려도 계속 도랑으로 빠지게 됩니다. 그걸 보고 있던 한 선배가 저한테 와서는 이렇게 말했습니다. "은희야 볼링 그렇게 치는 거 아니야, 저 멀리 있는 10개 핀을 쓰러뜨려야 하잖아, 그런데 저 멀리 있는 핀을 보고 공을 던지면 그 공이 딴 데로 샐 수가 있어, 그래서 저 먼 곳보다는 가까운 곳, 이 중간에 있는 세모를 겨냥해서 굴린다고 생각을 해 봐!" 선배가 알려준 대로 세 번째 네 번째 세모 사이로 공을 굴렸더니 공이 그 지점을 통과해 데굴데굴 굴러가서 핀 10개를 쓰러뜨렸습니다.

우리가 이루고자 하는 꿈은 지금 우리에게 너무 멀리 있습니다. 그래서 그 먼 곳을 바라보고 가다 보면 딴 길로 샐 수도 있고, 제대로 가는지 모를 수도 있습니다. 그렇기 때문에 우리에게는 세모와 같은 중간 목표들이 필요합니다. 계획을 세울 때도 꿈을 이루기 위해 내가 달성해야 할 8가지 중간 목표를 작성해야 합니다. 그런 후 첫 번째 목표를 달성하기 위해서 할 수 있는 사사로운 실행 과제들을 또 그 주변에 적습니다. 1번 목표를 달성하기 위한 실행 과제, 2번 목표를 달성하기 위한 실행 과제를 하나씩 해나가며 8가지 중간 목표를 모두 이루었다면 여러분은 꿈의 모

6시기상 *미라클인증*	매일 독서 1시간 (6시-7시) *독서인증*	아침 경제신문 (7~7:30)	방방 다시 시작하기	카페에 글작성하기	유튜브 오디오앤상UP	프로검사를 위한 SNS마케팅	블로그 마케팅 특강	인스타그램 마케팅 특강
3P 바인더 (밤/아침)	성공습관 키우기	매일밤 감사일기 작성	영상콘텐츠 (인스타,제작,업)	콘텐츠 크리에이터 (1인기업 / SNS 브랜딩)	블로그 마라콘 데이 (토요일 새벽)	브랜드 컨설 특강 (워크샵)	마케팅 감사 (강의/기록)	유튜브 크리에이터 과정 (기획/촬영 / 보이스/이미지)
주간목표 (매출목표) (콘텐츠목표) (사팅친목)	점심식사후 블로그/SNS 소통나누기	저녁식사후 블로그/SNS 지원듣기	정보콘텐츠 지식창업/수익화 (블로그,유튜브)	홍보콘텐츠 (블,인,제,휴전)	인스타 위클리 데이 (열요일 새벽)	SNS 마케팅 특강	퍼스널 브랜드전략 (컨설/콘텐츠) (재남우진)	지식창업 브랜드 전략 (컨설/콘텐츠) (상품/채널추진)
책 목차 작성하기	책 컨텐별 개요 및 자료조사	썸네일 책 쓰기	성공습관 키우기	콘텐츠 크리에이터	마케팅 감사	카페 개설강의 운영 계획수립	ZOOM 나눔특강 연재	소모임 프로젝트 기획
새벽 책쓰기 클럽 기획하기	책 출간	초안 글 외고덕기	책 출간	공감마케터	세나시 스쿨	연계감의 기획 (스피치,보이스, 이미지, 독서법, 책쓰기등)	세나시 스쿨 (시스템 완성)	세나시 퍼스널 브랜드 과정 개설
글 피드백 코칭 감사 삽입	초안 타이핑 하기	초안 글 다듬기	SNS 마케팅	경제적 자유	가족 건강	블로그 인스타 온라인과정 오프라인과정	세나시 유튜브 크리에이터 과정 개설	세나시 지식 수익화 과정 개발
월/주 블로그 작성	수/일 인스타제작	화/목/금 유튜브 촬영	매일 1일 가계부 작성하기	부동산 공부 짬짬 녹음	월1개 온라인강의 OR 유튜브 3시간	매일 30분 가족 독서시간	주3일 헬스장	아이들 1년 WISH TO DO 지원
마케팅 사례분석 (개인,기업)	SNS 마케팅 (위클리 관리)	콘텐츠 소재 기록하기	재테크 독서모임 참여하기	경제적 자유	월1회 토요일 외출	매일 30분 아이들과 눈마주치고 이야기하기	가족 건강	매주 일요일 집안 구석 정리
키워드 해시태그 리스트	유튜브 참조영상 분석하기	콘텐츠 제작 및 주제 정하기	월세만들기 공부하기	주식 공부하기	투자 1개 완성하기	격주 아이독서모임	월1회 주말 나들이	분기별 가족여행

습에 훨씬 가까워졌을 것입니다.

저는 이렇게 만다라트 표를 작성한 후 달성한 목표들에는 동그라미를 치고 있습니다. 여러분도 여러분의 브랜드 콘셉트, 꿈을 위해서 달성해야 되는 중간 목표들과 그 목표에 대한 실행 계획을 작성하는 만다라트 표를 책 뒤편 미션지를 활용해 작성해 보시길 바랍니다.

★ 만다라트 3가지 중간 목표 추천

만다라트에 꼭 들어가면 좋은 요소 3가지가 있습니다. 첫 번째는 독서와 기록입니다. 우리가 브랜드로 성장하기 위해서는 인풋과 아웃풋이 꼭 필요합니다. 독서로 인풋을 하고, 기록으로 아웃풋을 꼭 해 보길 바랍니다. 두 번째로는 이렇게 인풋과 아웃풋, 여러분의 경험을 다른 사람들에게 도움이 되는 콘텐츠로 발행하는 것을 목표로 하길 바랍니다. 마지막으로 여러분들의 주제와 연관된 사람들을 직접 만나보세요. 예를 들어 멘토의 강의를 수강하거나, 본받고 싶은 사람에게 인터뷰 요청을 하는 등 롤모델을 찾아 만나는 노력 또는 고객을 지속적으로 만나는 것을 만다라트에 꼭 넣어보시기 바랍니다.

★ 핵심 전략 3가지와 실행 리스트

만다라트를 다 작성했다면 총 8개의 중간 목표를 정했을 것입니다. 사실 이 8개에 모두 집중하기는 어렵습니다. 8개를 한꺼번에 하려고 하면 당연히 힘들기 때문에 전략, 즉 앞서 이야기했던 가장 먼저 해야 할 일을 정해야 합니다. 8가지 중간 목표 중에서 여러분의 꿈을 이루기 위해서 가장 중요하고 가장 먼저 해야 하는 중간 목표 3개를 정하시기 바랍니다.

브랜드 전략 및 실행 리스트

꿈				
중간 목표				⇨ 전략
해야 할 일				⇨ 실행리스트

중간 목표 3개를 정하면 각각의 목표마다 또 실행 계획을 작성했을 것입니다. 그 실행 계획을 투두리스트로 작성을 해서 오른쪽에 데드라인을 정합니다. 그러면 데드라인이 정해져 있기 때문에 데드라인 안에 실행하게 됩니다. 그런 실행들이 쌓임으로써 여러분의 중간 목표가 이루어지고, 성과가 만들어집니다. 그러면 여러분이 정한 꿈에 더 가까이 갈 수 있습니다.

이렇게 탄탄한 기획과 스토리 설계가 갖춰지면 믿을 만한 구석이 생긴 것입니다. 이걸 여러분은 실행하면 됩니다. 이렇게 전략을 가지고 실행하는 것과 전략 없이 우왕좌왕 실행하는 것은 정말 큰 차이가 있습니다.

엄마들의 꿈을 돕는 '드림 메신저'의 브랜드 스토리 전략 사례

★ 브랜드 탄생 스토리 사례

김자영 님은 어릴 적 선생님이 꿈이었습니다. 그런데 결혼하고 쌍둥이 육아에 전념하면서 엄마로서의 역할에 집중하게 되었습니다. 그러다 아이들이 학교에 가게 되고, 학교 봉사활동에 참여하면서 학부모 '강사'로서의 경험을 하게 됩니다. 그때 어릴 적 잃어버렸던 자신의 꿈을 떠올리게 됩니다. 강사로 활동하면서 자신이 어떤 사람이었는지, 앞으로 어떤 사람을 돕고 싶은지 발견하게 됩니다. 바로 자신과 같은 사람, 즉 육아를 하면서 자신을 잃어버렸던 엄마들 그런 엄마들을 돕고 싶은 자신을 발견하게 됩니다.

나보다는 아이 또는 누군가의 아내라는 이름으로 자신의 꿈을 접고 살아왔던 엄마들, 그들이 꿈을 다시 찾고 꿈을 이루기 위해 성장하도록 돕는 일, 그것이 김자영 님이 하고 싶고 잘할 수 있는 일이었습니다. 그래서 김자영 님은 잃어버린 꿈을 다시 찾을 수 있음을 전파하는 사람, 즉 '드림 메신저'라는 브랜드 콘셉트를 잡게 되었습니다.

그런데 나는 이제부터 "드림 메신저야."라고 한다고 사람들이 바로 인정해주지 않습니다. 콘셉트를 입증할 수 있는 스토리가 필요합니다. 스토리는 과거의 탄생 스토리, 앞으로의 성장 스토리로 이야기할 수 있는데, 드림 메신저 김자영 님의 탄생 스토리를 다시 한번 정리해 보겠습니다.

과거에 쌍둥이들이 학교에 입학해서 학부모 봉사활동을 시작했고, 아이들과 수업하면서 에너지를 얻는 자신의 모습을 발견하게 됩니다. 그것을 계기로 자신의 꿈을 다시 찾아서 강사에 도전하게 되었고, 다양한 강사 과정을 수강하면서 성장하게 됩니다.

그런 경험 속에서 육아로 경단녀가 되어서 재능이 있음에도 펼치지 못하는 엄마들을 발견하게 되었습니다. 그런 엄마들의 잃어버린 꿈을 찾아주고 그들이 진정한 삶의 리더로 살아가도록 돕는 삶을 살고 싶다고 생각하게 됩니다. 이게 드림 메신저라는 브랜드 콘셉트 정립의 근거가 되는 탄생 스토리입니다.

★ 브랜드 성장 스토리 소재

김자영 님의 성장 스토리, 만다라트의 중간 목표에 해당되는 부분들은 다음과 같습니다. 나만의 콘텐츠 만들기, 탁월한 프로젝트 기획력 키우기, 코칭 능력 키워서 찐 팬 100명 만들기, 배움을 통한 꾸준한 성장, SNS 기록 및 마케팅, 책 출간. 여기에 하나 더 덧붙여서 바로 여러분의 타깃과 소통하는 이야기, 엄마들 1:1 코칭을 하면서 상담한 이야기들을 기록하는 것들을 추가해드렸습니다.

이런 소재들이 바로 이 만다라트를 통해서 만들어졌습니다. 그리고 8가지 목표를 한꺼번에 실행하기 어려워서 먼저 해야 할 중간 목표 세 가지를 정합니다.

김자영 님의 만다라트

목적 자금 모으기	가계부 활용	온라인 장보기	목차작성	프로젝트	자료조사	의도적인 에너지 관리	수업자료 연구하고 기록하기	성장습관 해빙감사 일기쓰기
드림 프로젝트	경제적 자유	수익을 높고 안전한 투자하기	책담이읽기	책출간	초고쓰기	매월 1명씩 인터뷰하기	성공적인 습관만들기	배웅을 통해 업그레이드 하기
강의	애드포스트	투자 수익금 기부하기	초안작성	초안다듬기	초안퇴고	목표세우기	독서 매일1시간	온라인소통
1일1포스팅	인스타피드 메일	해시태그 키워드 찾기	경제적 자유	책출간	성공적인 습관만들기	월 1회 1:1데이트	외식& 배달음식 줄이기	가족독서시간 늘려가기
오디오클립 활용하기	SNS마케팅	카카오스토리	SNS마케팅	드림메신저	가족	주 2회 다함께 식사하기	가족	월1회 주말나들이
브랜딩홍보	카톡활용	유튜브	일	관계	건강	분기별 가족여행	매일 안아주고 사랑한다 말하기	부모님께 주1회 연락드리기
품담 프로젝트	드림 성장습관 프로젝트	드림 리더북 클래스	긍정에너지 나누기	약속시간 지키기	단독방운영	건강식품 챙겨먹기	5,000보이상 걷기/매일	분기별 1박2일 휴가
송파맘 마음감사/ 자원봉사센타/ 도서관	일	라오스 학교짓기 프로젝트	마음을 다하기	관계	다트윙스쿨 1:1데이트	7시간 수면	건강	근력운동 10분이상
협지 시민참여	청소년 미래설계/ 신나는 미디어	서울시교육청 학부모 진로강사	자주 소통하기	년2회 네트워킹데이	1일 1명연	월요단식 & 소식	아무것도 하지않는 시간 찾기	IAP호흡법/ 바른자세 의식하고 유지하기

브랜드 전략

엄마들의 자기이해와
진로설계를 통해 엄마들의 성장을 돕는다

1. 엄마들의 꿈 찾기 프로젝트	2. SNS 채널 활성화	3. 책 출간

김자영 님은 엄마들의 자기 이해와 진로 설계를 통해 육아로 자신을 잃어버렸던 엄마들의 성장을 돕는 것이 목표입니다. 이 목표를 달성하기 위한 브랜드 전략은 아래 3가지를 선택했습니다.

첫 번째는 엄마들을 위한 프로젝트 진행을 브랜드 전략으로 삼았습니다. 그래서 지금 진행하고 있는 프로젝트를 자문을 구하면서 업그레이드하기로 했습니다.

두 번째는 자신의 브랜드 확산을 위해서 SNS 마케팅과 관련된 것을 목표로 잡았습니다. 블로그 이웃 2,000명, Instagram 팔로우 1,000명, YouTube 구독자 500명을 만들기 위해서 1일 1포스팅, 1일 1피드, 월 1회 영상 올리기를 실행하기로 하고, 그렇게 만들어진 오픈 단톡방 멤버 수에 대한 목표도 정했습니다.

세 번째 브랜드 전략으로는 해당 주제로 책 출간을 목표로 잡았습니다. 그래서 프로젝트 수행 경험을 쌓고 출판사와 계약하고 목차 구성하고 글을 쓰는 것을 실행하기로 했습니다.

★ 브랜드 이야기는 나의 삶의 이야기

브랜드 스토리가 어떻게 작용하는지 이 사례를 통해서 구체적으로 알 수 있었습니다. 브랜드 스토리는 나의 삶의 이야기고, 그 삶의 이야기는 앞으로 여러분들이 만들어 나갈 이야기입니다. 그런데 우리는 명확한 목표를 세우고 그 목표를 이루기 위한 실행 계획들을 가지고 삶을 살아갑니다. 브랜드 스토리 역시 마찬가지입니다.

브랜드 스토리가 어떤 역할을 하는지, 어떤 전략을 만들어낼 수 있는지 사례들을 통해서 알아봤습니다. 이제 브랜드 스토리를 SNS에 담는 방법에 대해서 알아보겠습니다.

매일의 브랜드 스토리를
SNS에 담는 방법

SNS와 관련된 부분은 뒤에서 더 자세히 다룰 예정이라서 여기서는 브랜드 스토리를 SNS에 담는 법에 대해 구체적인 사례와 함께 영감을 드리도록 하겠습니다.

만다라트로 브랜드 콘셉트와 관련해 여러분이 도달하고자 하는 중간 목표들을 정해 봤습니다. 그 목표를 달성하기 위해서 노력해 나가야 하는데 이 노력의 과정이 브랜딩에서 가장 중요한 부분입니다. 예를 들어서 자신의 브랜드 스토리와 전략을 수립한 후 전략대로 실행하며 노력을 합니다. 그런데 만약 노력만 하고 그 노력의 과정을 기록하지 않는다면 어떻게 될까요? 여러분이 노력한 사실을 아무도 알 수 없습니다.

제가 공감마케터라는 브랜드 콘셉트와 관련된 중간 목표, 즉 전략으로 마케팅 전략 독서 20권, 브랜딩 관련 정규 과정 4개를 정했었습니다. 그럼 이 목표들은 블로그 카테고리 어딘가에 속해 있어야 됩니다. 세나시

블로그 카테고리 예시

카테고리 그룹	게시판	비고
공감마케터 최은희	최은희는	프로필 / 블로그 하는 이유 / 내가 하는 일
	버킷리스트	버킷리스트 / 사이드 프로젝트
	독서 및 강의모임	도서 리뷰 / 강의 리뷰 / 모임 후기
강의소식	강의일정	강의 일정 안내
	강의리뷰	강의 진행 후기 / 코칭 후기
세나시 개인브랜딩	개인브랜딩 칼럼	개인브랜딩 칼럼
	세나시 스토리	멘토 인터뷰 / 개인 인터뷰 / 세나시 스쿨 준비 스토리
여소시 소셜마케팅	마케팅 칼럼	마케팅 칼럼 / 마케팅 성공사례 / 마케팅 노하우
	블로그 마케팅	블로그 마케팅 칼럼 / 블로그 우수사례
	마케터의 삶	현업 마케터 이야기
	여성소셜마케팅으로 시작하라	여소시 책 소개 / 책 내용 소개 / 도서 서평 이벤트 / 도서 리뷰
그녀의 일상	포토에세이	사진 한 장과 이야기
	워킹맘 일상	워킹맘 일상 이야기
워킹맘 생활정보	워킹맘 생활노하우	워킹맘 유용한 정보 모음
	아이들의 일상	아이들 일상 이야기
	솔직담백 육아용품	아이들 육아용품 정보 모음
	New 워킹맘 아이학습	아이들 학습 정보 모음

독서클럽 및 강의 모임의 경우 도서 리뷰 카테고리 안에 제가 전략 독서를 해나가는 과정들을 기록해야 합니다. 4개의 강의를 기획한 것도 여기 블로그 안에서 강의를 소개하고 새롭게 기획된 강의들을 런칭하는 이야기를 담아야 합니다.

여러분이 기록하지 않는다면, 여러분이 한 일은 여러분 외에는 아무도

세나시 스쿨 인스타그램 계정

알 수가 없습니다. 그렇기 때문에 기록을 통해 남기는 게 중요합니다. 그래서 스토리를 SNS에 반영할 경우에는 일상을 콘텐츠로 발행하며, 블로그처럼 카테고리 게시판이 명확한 플랫폼의 경우는 해당 카테고리를 매칭해서 콘텐츠를 발행하는 것이 좋습니다.

SNS 같은 경우에 스토리를 어떻게 반영할 수 있을까요? 예를 들어 위의 세나시 브랜딩 스쿨 인스타그램 계정을 살펴보면, 오른쪽 하단부터 왼쪽 위로 세나시 브랜딩 스쿨의 스토리가 순차적으로 발행됩니다.

세나시 브랜딩 스쿨의 첫 번째 콘텐츠는 책 사진을 올리고 이런 캡션을 달았습니다. "책을 출간하고 새로운 세상을 보게 됐다" 직장인으로서 삶을 살다가 책을 출간한 후 자신의 이름으로 삶을 사는 사람들이 엄청 많은 걸 알게 되었습니다. 또한 저는 타임푸어 워킹맘이라 밤늦게나 아침 일찍밖에 아이들을 볼 수가 없었습니다. 그래서 두 번째 피드에서 출근 전 아이들이 일찌감치 일어난 일상의 모습들을 올렸습니다.

세 번째는 책을 출간한 후 강의 경험을 올렸습니다. 난생처음 백여 명이 넘는 사람들 앞에서 첫 강의를 하게 돼서 가슴이 쿵쾅쿵쾅 뛰었고, 이 두근거림을 들킬까 봐 조마조마하며 강의를 하게 된 경험을 올린 것입니다.

네 번째는 하고 싶은 게 너무 많아서 새벽 기상을 시도했습니다. 그런데 매번 실패하게 됩니다. 나중에 알고 보니 새벽 기상은 일찍 자고 일찍 일어나야 되는데 늦게 자고 일찍 일어나니까 실패하게 된 것을 알게 되었습니다.

그렇게 회사를 다니면서 강의를 시작하고, 코칭을 시작하고, 어떻게 세나시 브랜딩 스쿨이라는 프로젝트를 만들게 되었는지 과정들을 공유합니다. 세나시 브랜딩 스쿨이 왜 만들어졌는지 그리고 어떻게 지금의 모습이 됐는지가 모두 SNS 콘텐츠 안에 녹아 있게 됩니다.

한마디로 여러분의 노력의 과정을 SNS 플랫폼에 기록해 나가는 것입니다. 블로그 같은 경우는 기록을 위한 카테고리를 매칭하고, SNS는 스토리 전개를 사진과 매칭해서 콘텐츠로 발행하는 것, 이게 바로 여러분의 스토리를 SNS에 담는 방법입니다.

사실 누군가의 SNS 계정에 들어가서 아무 생각 없이 보다 보면 뭔가에 설득당하고 결제를 하기도 합니다. 그럼 그 계정 안에는 분명히 어떤 스토리 전략이 있을 가능성이 높다고 봅니다. 그냥 일상을 올린 것처럼 보이지만 그 일상 안에 여러분에게 표현하고자 하는, 그들이 중요하게 여기는 가치, 콘셉트들이 자연스럽게 녹아 있을 것입니다.

여기까지 SNS 퍼스널 브랜딩 3단계, 스토리가 어떤 의미인지, 스토리는 어떻게 만들 수 있는지, 탄생 스토리와 앞으로의 성장 스토리를 통해서 여러분의 브랜딩 전략, 실행 리스트, SNS상에 어떻게 콘텐츠를 발행해야 하는지에 대한 부분까지 알려드렸습니다. 콘셉트와 탄탄한 스토리도 만들어졌으니, 다음 장에서는 나 대신 열심히 일해줄 디지털 일꾼, 콘텐츠 기획하는 방법에 대해서 소개해 드리도록 하겠습니다.

새로운 일을 시작하고는 싶은데
용기가 나지 않아요

책의 저자에서, 대한민국 엄마들을 작가로 만드는 책 쓰기 코치로

자기 소개 및 퍼스널 브랜딩을 하기 전의 모습

글쓰기, 책 쓰기 코치 및 교육 기획을 하고 있는 '엄마 작가 메이커' 백미정입니다. 15년 워킹맘 시절을 청산하고 전업주부, 전업 작가의 길로 들어섰습니다. 삶의 여유가 생기니 내가 좋아하는 일인 글쓰기와 책 쓰기 과정을 만들어 보고 싶어졌어요.

글쓰기가 좋다고 글을 써 보시면 좋겠다고 대한민국 엄마들에게 전파하는 일을 하고 싶은데 불안과 두려움이 문제였습니다. 주제넘는다고 손가락질당할까 봐, 초심을 잃어버리게 될까 봐 1인 기업 세계에 선뜻 다가가지 못했습니다.

퍼스널 브랜딩을 통해 얻게 된 것

절실함으로 최은희 대표님이 진행하는 퍼스널 브랜딩 과정을 공부하게 되었습니다. 가장 큰 수확은 '함께의 힘'이었어요. 퍼브(퍼스널 브랜딩) 과정을 소개해 주신 분이 없었더라면, 과정을 만들어주신 최은희 대표님이 계시지 않았더라면, 지금의 저는 있을 수 없습니다. 각자의 위치에서 자신의 사명으로 열심히 전진해 가시는 대표님들의 모습만 뵈어도 동기 부여가 확실히 되었습니다.

내가 열심히 살고 있는지, 나는 어떤 사람인지, 내가 가야 할 길을 잘 가고 있는지 알고 싶으면 내 주변에 어떤 사람들이 있는지 보면 된다고 하잖아요. 제 곁에 계신 분들은 저에게 모두 스승입니다. 대표님들과 함께 끊임없이 배우고 글쓰기를 전파할 것입니다.

저의 콘셉트와 브랜드를 알리기 위해 선택한 방법은 재능 기부였습니다. 목차 구성 재능 기부, 퇴고 재능 기부, 교열 재능 기부, 책 출간 재능 기부 등 다양한 이벤트를 열었습니다. 1인 기업 세계에서 플랫폼을 구축하고 계신 대표님들께 도움을 청했고, 그 공간 덕분에 저를 알릴 수 있었어요.

퍼스널 브랜딩을 통한 새로운 경험 및 성과

글쓰기라는 공통점으로 여러 예비 저자님들을 만나게 되면서 제 꿈도 확장되어 갔습니다. 지속적인 책 출간과 강의로 외부 강의 의뢰도 들어오고 있고요, 글쓰기와 다른 주제를 연결하여 교육 과정을 런칭해 진행하기도 했습니다. 진정한 만족이란, 내가 도움 주고자 하는 이들이 나를 통해 만족해하는 모습을 보는 거라고 해요. 저와 함께하면서 더 성장하고 싶어 하는 작가님들이 계셔서 행복합니다.

이 세상에 내가 태어난 목적을 알고 그 목적에 맞추어 살아가는 인생만큼 행복한 인생은 없을 것입니다. '나는 누구인가?'라는 질문에 답을 하기 위해서는 '지금 나는 어디에 서 있는가?'라는 질문에 답을 해 보라고 하더라고요. 내가 어디에 서 있는지 알기 위해서는 과거를 돌아봐야 하고, 현재 나의 위치를 명확히 알고, 미래에 성취하고자 하는 비전이 무엇인지 그림을 그려나갈 수 있어야 합니다.

그 과정이 퍼스널 브랜딩입니다. 나를 브랜딩해서 세상에 알리기 전, '나'라는 사람을 탐구하는 과정은 필수 코스입니다. 퍼스널 브랜딩과 함께 자신을 탐구하고 나만의 콘셉트를 찾으시길 바랍니다.

퍼스널 브랜딩을 꼭 추천하고 싶은 사람

저술가이자 정신과 의사인 빅터 프랭클 박사는 크고 작은 고통으로 고생하고 있는 환자들에게 가끔 이렇게 묻습니다. "그렇게 힘들어하면서 왜 자살하지 않습니까?"

프랭클 박사의 저서 『죽음의 수용소에서』 추천의 글에 있는 내용입니다. 삶의 고통 가운데에서도 우리가 살아갈 수 있는 이유는 각자가 가지고 있는 '의미' 덕분입니다. 내가 삶을 선택하게 된 이유, 사랑의 의미, 가족의 의미 등 그 의미의 조각들이 맞춰지면 나의 사명이 탄생되는 것입니다. 그리고 사명은 나 혼자 잘 살기 위함이 아니죠. '타인의 행복'이 포함될 수밖에 없습니다.

타인의 행복을 도와주기 위해서는 나라는 브랜드의 콘셉트가 있어야 합니다. 성과도 있어야 합니다. 옆집 김 씨 아저씨 말을 누가 따르겠습니까. 많은 분들에게 선한 영향력을 끼치기 위해서는 나의 삶 속에서 사명과 콘셉트가 도출되어야 합니다.

그래서 저는 나의 사명과 콘셉트를 찾고 싶은 분, 나의 사명과 콘셉트에 어울리는 브랜드명을 찾고 싶은 분, 새로운 일을 시작하는 데 있어 용기가 필요한 분께 퍼스널 브랜딩 과정을 추천하고 싶습니다. 내가 이 세상에 태어난 목적을 알고 그 목적에 맞추어 살고 싶은 분, 나와 타인의 행복을 위해 더 나은 것을 추구하고 계신 분, 배우는 자와 가르치는 자로 살고 싶은 분께 추천드립니다.

PART 4

24시간 나 대신
열심히 일하게 만드는
브랜드 콘텐츠 기획 비법

브랜드 콘텐츠가
나 대신 일한다고?

내가 잠을 잘 때도 여행을 갈 때도 나 대신 열심히 일하는 디지털 일꾼이 있다면 얼마나 좋을까? 24시간 효과적으로 여러분 대신 일해 줄 디지털 일꾼, 브랜드 콘텐츠를 만드는 방법에 대해 알아보겠습니다.

예전에 어떤 분이 저에게 이런 질문을 하셨습니다. "아직 브랜드 콘셉트가 없는 사람은 콘텐츠를 어떻게 발행해야 할까요?" 브랜드 콘셉트가 정립되어 있지 않을 경우 다양한 경험을 기록하는 방법이 있습니다.

콘셉트가 정해져 있지 않다는 것은 지금 특정한 주제로 좁히지 못했다는 것입니다. 하지만 결정은 못 했지만 관심을 갖고 있는 여러 가지 주제들은 선정할 수 있습니다. 그래서 그 주제와 관련된 것들을 직접적으로 또는 간접적으로 경험하면서 기록할 수 있습니다.

먼저 간접 경험을 기록하는 방법은 다음과 같습니다. 예를 들어서 여러분이 '셀프 인테리어'도 관심 있고 '블로그 마케팅'도 관심이 있다면, 각

간접 경험	직접 경험	
• 독서 • 강의 • 영상 • 칼럼	• 자기탐색 • 프로젝트 참여 • 인터뷰 진행 • 글쓰기	➡ 관심 주제 하고 싶은 일 꿈이 되는 일

각의 주제와 관련해 경험을 쌓아 봅니다. 관련 주제의 책을 5권 정도 사서 읽고 도서 리뷰를 남길 수도 있고, 강의를 듣거나, 유튜브 영상을 보고 알게 되거나 깨달은 것을 기록할 수도 있습니다.

다음으로 직접적인 방법으로는 관심 주제의 프로젝트에 참여해 볼 수 있습니다. 예를 들어 셀프 인테리어에 관심이 있다면, 관련 체험단에 참여해 볼 수 있습니다. 블로그 마케팅에 관심이 있다면 블로그 챌린지 프로젝트에 참여해, 블로그 마케팅에 대한 사람들의 니즈를 파악할 수 있습니다.

또는 해당 분야에서 먼저 경험을 쌓은 분을 찾아가 인터뷰를 진행하는 것도 추천합니다. 가장 중요한 것은 여러분의 생각과 경험들을 '글로 표현하는 것입니다. **글쓰기라는 기록을 통해 여러분의 생각들이 정제되고 여러분이 경험한 것들이 본인에게 어떤 의미인지 더 분명해질 수 있습니다.**

아직 콘셉트를 정하기에 좀 이른 것 같고, 더 많은 주제를 경험해 보고 싶다면 여러분이 관심 가는 주제들을 하나씩 경험하고 콘텐츠로 기록해 나가는 것을 추천드립니다.

★ 차별화된 브랜드 콘텐츠 주제 선정법

우리는 앞서 브랜드 콘셉트 정하는 법을 통해 각자의 콘셉트를 정해보 았습니다. 그다음에 해야 할 것은 디지털 콘텐츠의 주제를 선정하는 것 입니다. 간단하게 3단계로 주제를 정할 수 있습니다.

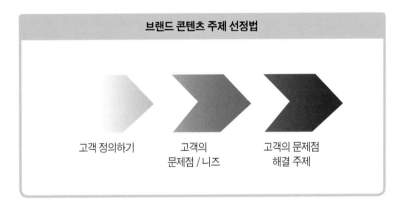

첫 번째, 먼저 여러분의 '고객을 정의'합니다. 두 번째는 정의한 고객이 어떤 문제점을 겪고 있는지, 그들이 정말로 원하는 것이 무엇인지 분명한 니즈를 발견해야 합니다. 마지막 세 번째는 고객의 문제점을 해결해 줄 수 있는 솔루션을 여러분의 브랜드 콘텐츠 주제로 정하는 것입니다.

★ 브랜드 콘텐츠 주제 사례

1. 라이프코칭 분야 - 여성 리더 라이프코치님

제 수강생 중 '여성 리더 라이프코치'로 콘셉트를 정립한 나영주 님은 기업의 HR 파트에서 일하다 퇴사 후 라이프 코치로 활동하고 있습니다. 그녀는 자신의 고객을 조직의 여성 리더로 정의하고, 고객의 문제점을 파악해 봤습니다.

그렇다면 고객의 문제점은 어떻게 찾아낼 수 있을까요? 그냥 '아 저 사람은 이런 게 문제일 거야'라고 생각해 보는 것만으로는 부족합니다. 고객과 실제로 이야기를 나누는 게 중요합니다. 고객들이 어떤 삶을 살고 있는지, 하루 중에 어떤 일에 가장 많은 시간을 보내는지, 무엇에 관심을 가지고 있는지 또는 어떤 문제를 갖고 있는지, 이런 것들을 대화를 통해

서 발견해 내야 합니다.

　그녀는 여성 리더들이 조직에서 리더로서의 역할과 집에서 엄마로서의 역할을 둘 다 잘 해내지 못하는 것에 항상 불만을 느끼고 걱정한다는 것을 알게 됩니다. 그래서 이런 고객의 문제점을 도울 콘텐츠로, 행복한 여성 리더가 되는 법이라는 주제로 나다움, 커리어, 리더십 관련 콘텐츠를 발행하게 됩니다. 그녀는 콘텐츠를 통해 여성 리더들이 일과 삶에서 모두 진정한 주인으로 살 수 있도록 돕는 역할을 하고 있습니다.

2. 심리상담 분야 - 괜찮아 희망가이드님

　'괜찮아 희망가이드'라는 콘셉트로 브랜딩을 하고 있는 권미주 님이 정의한 고객은 심리적 불안을 겪고 있는 20~40대 여성입니다. 우리가 파악

한 고객의 문제점은 자신의 고민들을 따뜻하게 의논할 상대가 필요하다는 것입니다. 그리고 많은 분들이 자신의 진짜 모습을 받아들이기 어려워한다는 점을 발견했습니다. 그래서 이런 고객을 도울 콘텐츠로 '여성들의 희망가이드'라는 주제로 직장 여성, 워킹맘, 비혼 여성, 전업맘 등에게 희망의 메시지를 전해주는 콘텐츠를 발행하고 있습니다.

3. 건강비즈니스 분야 - 셀프 건강 마스터님

'셀프 건강 마스터' 콘셉트로 브랜딩을 한 박경자 님이 정의한 고객은 100세 시대 건강한 삶을 원하는 현대인들입니다. 고객의 문제점은 건강해지고 싶은 마음은 있지만, 일에 치중되어 있고 비만이나 질병 소견이 나타나면 약을 복용할 뿐 자신의 건강을 잘 챙기지 않는 것입니다. 그래

서 고객에게 도움이 되는 콘텐츠로 건강해지는 식습관, 운동 요법, 호흡 요법 등을 중심으로 바쁜 현대인들에게 생활 단식 방법을 소개하고 있습니다.

이렇게 브랜드 콘텐츠 주제를 선정하는 방법과 사례들을 살펴봤습니다. 앞에 사례를 참고하셔서 책의 마지막 부분 미션을 꼭 작성해 보시기 바랍니다.

돈이 저절로 들어오는 브랜드 콘텐츠 4가지 유형

브랜드 콘텐츠 주제를 선정하였다면 이 주제를 가지고 어떻게 효과적으로 콘텐츠를 만들 수 있을지 알아보겠습니다. 간단히 이야기하면 어떤 채널이든 여러분이 브랜딩을 위해 운영하는 플랫폼에는 네 가지 유형의 디지털 콘텐츠를 담는 것이 좋습니다.

요즘 온라인 마케팅 중에서도 SNS 마케팅이 대세인 이유는 무엇일까요? 바로 '사람들의 광고 회피 성향' 때문입니다. 사람들은 본능적으로 누군가 자신을 설득하려 하거나, 자신에게 광고를 하려고 하면 보지 않고 듣지 않으려는 회피 성향을 가지고 있습니다. 그런데 다른 채널에 비해 SNS라는 채널은 사람들이 광고로 여기기보다는 지인들의 이야기 또는 콘텐츠로 여기다 보니, 광고 회피 본능을 가진 소비자들에게 좀 더 친근하게 다가갈 수 있는 장점이 있습니다.

그렇다면 이렇게 광고로 여겨지지 않고 콘텐츠로 여겨지기 위해서 해당 채널에 우리가 담아야 될 4가지 유형의 콘텐츠를 통해, 각자의 역할을 이해하는 것이 중요합니다.

여기 콘텐츠 바구니가 있습니다. 앞서 우리는 브랜드 콘텐츠 주제를 다루었습니다. 그 주제는 바로 고객을 정의하고 고객의 문제점을 정의해서 문제를 해결해 줄 수 있는 주제였습니다. 그것이 바로 첫 번째 정보성 콘텐츠에 해당합니다. 채널을 운영하면 정보도 줘야 하지만 상품이나 서비스, 우리에 대한 이야기도 해야 합니다. 그래서 필요한 것이 두 번째 홍보성 콘텐츠입니다. 세 번째는 SNS에서 가장 중요한 이야기로, 바로 사람 냄새를 풍길 수 있는 일상 콘텐츠입니다. 마지막은 마케팅 전환에 가장 큰 공헌을 할 수 있는 콘텐츠, 바로 우리를 경험한 소비자들의 직접 경험을 다루는 소비자 콘텐츠입니다. SNS 플랫폼 안에 담아야 될 콘텐츠 포트폴리오, 이 네 가지 유형을 자세히 살펴보겠습니다.

1. 정보성 콘텐츠

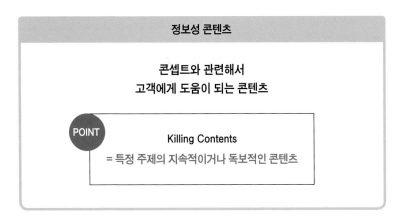

정보성 콘텐츠는 여러분의 고객에게 도움을 줄 수 있는 콘텐츠를 말합니다. 포인트는 정보성 콘텐츠가 여러분 채널의 킬링 콘텐츠가 되어야 한다는 점입니다. 킬링Killing이 뭐죠? 죽이는 콘텐츠란 뜻입니다.

여러분의 콘셉트와 관련된 특정 주제에 대해서 지속적이고 독보적으로 콘텐츠를 발행하는 것입니다. 어디에서도 볼 수 없는 여러분의 경험과 인사이트를 담은 콘텐츠를 기획하고 발행해야 합니다. 즉 **정보성 콘텐츠는 여러분의 콘셉트와 관련된 주제여야 하는데, 단발적으로 발행하는 게 아니라 1년 이상 꾸준히 생산해 낼 수 있는 주제여야 합니다. 주제와 관련되고, 꾸준히 발행하며, 독보적이어야 한다는 세 가지 포인트를 갖추는 게 중요합니다.**

예를 들어 인스타그램 마케팅 강사의 경우, 정보성 콘텐츠를 '인스타그램 마케팅 A부터 Z까지'라는 주제로 선택할 수 있습니다. 보이스 스피치 강사라면 '신뢰감을 얻는 보이스를 만드는 방법'으로 잡을 수 있습니다. 에

니어그램 강사라면 '가족 성향에 따른 대화법'을 주제로 잡을 수 있습니다.

정보성 콘텐츠는 이렇게 주제 칼럼 형태로 발행하는 것이 보편적입니다. 예를 들면 저는 퍼스널 브랜딩 칼럼을 블로그에 지속적으로 올리고 있습니다. 이 콘텐츠를 통해서 사람들이 '아 이 사람에게 가면 퍼스널 브랜딩과 관련해서 나의 문제가 해결될 수 있겠구나'라고 생각할 수 있습니다.

그런데 칼럼이라고 얘기하면 사람들이 어렵게 느낍니다. 아직 칼럼을 작성하기에는 부담스럽다고 말합니다. 하지만 앞서 간접 경험에 대해 이야기한 것 중 독서를 예로 들면, 칼럼을 작성하기 아직 어렵다고 생각하시는 분은 자신의 주제와 관련된 전략 독서를 하고 리뷰를 남기는 것도 정보성 콘텐츠에 해당됩니다.

예를 들어서 블로그 마케팅 강사로 브랜딩하고 싶다면, 서점에 가서 지금 유행하는 블로그 마케팅 책 10권 안 되면 5권이라도 정독해서 독파를 합니다. 그리고 그 책의 내용에 자신의 경험과 의견을 버무려 콘텐츠

#2. 도서 리뷰

브랜드의 차별화 방법을 고민하는 분들에게 〈핑크팽귄〉 feat 세나책...

시작만하고 완성을 못하는 우리들에게 - 〈습관의 완성〉 feat 세나...

1인기업의 길을 걷고 있는 당신에게 - 〈백만장자 메신저〉 feat ...

〈세나책 독서모임 #2-5〉 메신저의 혁신적 변화 - 백만장자 메신저

전략 도서 리뷰

를 발행합니다. 그러면 책의 내용뿐만 아니라 여러분이 그 책을 통해 얻은 인사이트나 생각, 다짐 이런 것들을 잘 녹일 수가 있습니다. 그렇게 아직은 칼럼이 어려운 분들은 이런 간접 경험 또는 인풋의 경험을 가지고 아웃풋 하는 방식으로 정보성 콘텐츠의 발행을 추천합니다.

2. 홍보성 콘텐츠

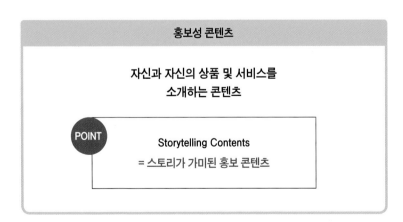

홍보성 콘텐츠

자신과 자신의 상품 및 서비스를
소개하는 콘텐츠

POINT

Storytelling Contents
= 스토리가 가미된 홍보 콘텐츠

채널을 운영하려면 내가 어떤 사람인지, 내가 어떤 상품과 서비스를 제공할 수 있는지, 나와 나의 사업을 소개하는 내용을 기본적으로 안내해야 합니다. 이렇게 자신과 자신의 상품 또는 서비스를 소개하는 콘텐츠를 홍보성 콘텐츠라고 합니다.

홍보성 콘텐츠라고 해서 진짜 상업적으로만 가면 사람들이 보지 않습니다. 그래서 홍보성 콘텐츠에 스토리텔링이 중요합니다. 스토리가 가미된 홍보 콘텐츠가 바로 포인트입니다.

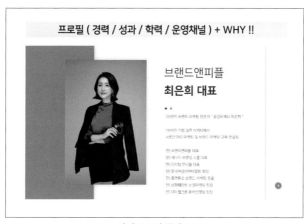

나의 프로필 콘텐츠

1인 기업 같은 경우 나 자신이 브랜드가 돼야 하기 때문에 자기 소개 부분이 무엇보다 중요합니다. 예를 들어서 프로필 콘텐츠를 발행할 경우, 프로필 안에는 어떤 경력을 가지고 있는지, 어떤 성과를 냈는지, 학력은 어떻고 운영 채널에는 어떤 게 있는지와 같은 구체적인 요소들이 포함되어 있습니다. 하지만 여기에 가장 강력한 와이WHY라는 걸 붙여야 비로소 효과적인 홍보성 콘텐츠가 완성됩니다.

이런 경험을 가진 나는 왜 이 일을 하는지에 대한 이유를 이야기에 담는 것입니다. 그러면 자기 홍보이지만 홍보 안에서 내가 왜 이 일을 하는지에 대한 근거, 이유, 공감 등이 형성되기 때문에 홍보가 홍보만으로 다가가지 않게 됩니다.

그리고 자기를 소개할 수 있는 다양한 콘텐츠로는 이런 직접적인 프로필 외에도 자기가 자신을 인터뷰하는 셀프 인터뷰를 발행할 수도 있습니다. 또는 누군가 나를 인터뷰하게끔 할 수도 있습니다.

내가 소중하게 여기는 나의 가치에 대한 것 또는 이 책을 통해 만들어낼 브랜드 콘셉트, 왜 그 콘셉트가 만들어졌는지, 그 콘셉트를 가지고 어떤 사람을 어떻게 돕고 세상을 어떻게 변화시킬지, 이런 것들을 다룬다면 어떨까요? 홍보성 콘텐츠이면서도 그 안에 여러분들의 스토리가 내포

#상품소개

강의	컨설팅	프로젝트

세나시 브랜딩 스쿨 4월 일정 안내

공감마케터의 개인 브랜드 컨셉 1:1 컨설팅 신청안내

세나시 브랜딩 스쿨 - 성장 습관 프로젝트 6월 모집

되어 있으면, 강력한 공감의 요소가 됩니다.

또한 여러분이 도움을 줄 수 있는 상품이나 서비스를 소개합니다. 예를 들어 저의 경우 강의, 컨설팅, 프로젝트와 같은 것들을 시기마다 안내하는 것들이 홍보성 콘텐츠에 해당합니다.

#사례

리딩디자이너	세일즈 모티베이터	여성리더 라이프코치

[세나시 멤버 소개] 리딩디자이너, 김윤수 작가님 - 가족독서경영 전문가

[세나시 멤버 스토리] 세일즈 모티베이터 전현미님 - 백화점 매니저, 동기부여 강연...

[세나시 멤버 컨셉 소개] 여성리더 라이프코치, 나영주 대표님

그리고 홍보성 콘텐츠에 또 중요한 부분이 있는데, 바로 사례입니다.

여러분을 만난 사람들이 어떤 변화를 맞이했는지, 여러분의 도움으로 사람들은 어떤 성장을 이루었고 어떤 개선을 이루었고 어떤 성과를 만들었는지를 그분들의 사례를 통해서 여러분을 홍보하는 것입니다. 그래서 제가 콘셉트를 잡아주고 제가 성장을 도와줬던 분들을 한 분 한 분 소개하는 것도 좋은 홍보성 콘텐츠에 해당합니다.

간간이 우리는 이벤트도 합니다. 뭔가 계기를 만들어서 사람들의 관심을 모으는 것이 바로 이벤트인데, 이벤트를 하려면 명분이 필요합니다. 여러분들이 성장해 나가면서 중간중간에 좋은 명분들이 생기게 됩니다.

예를 들어서 여러분이 유튜브를 오픈했는데 구독자가 처음으로 100명이 됐습니다. 그럼 이 명분을 가지고 짧은 시간에 사람들의 이목을 끌 이벤트를 진행하면 됩니다. '구독자 100명 기념 이벤트'를 통해 구독자도 늘고 이웃 수도 늘고 팔로우도 늘게 됩니다.

이벤트는 홍보성 콘텐츠인데 아무런 명분도 없이 밑도 끝도 없이 그냥 팔로우 이벤트 합니다 할 수는 없습니다. 반드시 여러분이 성장해 나가는 과정에서 이루어 낸 성과들로 명분을 만들어서 진행해야 합니다. 꼭 큰 성과는 아니어도 됩니다. 작은 성과들을 계기로 사람들의 관심을 얻고 관계도 맺고 마케팅 전환까지 일으켜 낼 수 있는 콘텐츠가 이벤트 콘텐츠에 해당합니다.

3. 일상 콘텐츠

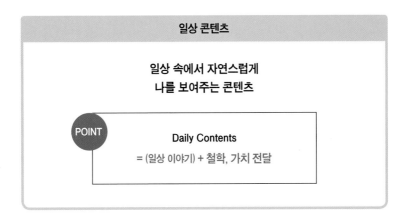

세 번째 콘텐츠는 일상 콘텐츠입니다. 여기서도 일상이라고 해서 일상만 얘기하는 게 아닙니다. 일상 속에서 자연스럽게 나를 보여주는 콘텐츠가 일상 콘텐츠입니다. 여기서 포인트는 일상을 이야기하지만 나의 철학과 생각, 가치를 녹여내야 합니다.

예를 들어서 강의를 다녀온 후 콘텐츠를 발행한다고 생각해 봅시다. 보통의 강사들은 이렇게 얘기를 합니다. 어느 기업에 무슨 강의를 갔다

왔다고 하고 강의 사진을 올립니다. 사람들 반응이 좋았다고 글을 올립니다. 자 그러면 그건 그냥 홍보처럼 느껴집니다. '아, 자기 강의 많이 다닌다는 얘기구나' 이런 홍보적인 게 아니라 일상처럼 콘텐츠를 올려야 합니다.

제가 작년에 코로나가 오고 처음으로 줌으로 강의를 열게 되었습니다. 총 5시간 블로그 마케팅 강의였는데 처음에는 '5시간 동안 사람들과 줌을 통해 커뮤니케이션을 하는 게 얼마나 가능할까?'라는 의심이 있었습니다. 그런데 이 강의를 하고 나서 많이 놀랐습니다. 5시간 동안 온라인상에서 이렇게 소통을 잘 나눌 수 있음을 느꼈고, 오프라인에서 했던 것처럼 5시간이 절대 길지 않고 정말 쏜살같이 지나간 것입니다. '아 이 비대면 강의가 오프라인만큼의 가치를 만들 수 있구나, 그래서 코로나 이후 강사로서 비대면 강의에 대해서 이런 생각들을 했다'라고 나의 일상에서 느낀 것을 진솔하게 나눴습니다.

이처럼 홍보적인 게 아니라 내 일상 안에서 내가 느끼는 것, 강의에 대

한 철학, 새로운 변화에 대한 나의 인사이트들을 나누는 게 일상 콘텐츠입니다.

그리고 일하면서 드는 여러분들의 생각들도 적습니다. 예를 들어서 제가 브랜드 로고를 이번에 만들기로 했습니다. 그런데 보통 사람들은 브랜드 로고를 아웃소싱해서 나오는 결과물을 소개합니다. 사실 사람들은 무엇보다 과정에 공감합니다. '브랜드앤피플'이라는 제 회사 브랜드에 브랜드 가치를 잘 나타내려면 어떻게 하면 좋을까를 고민하면서 파워포인트에 막 P를 넣고 B도 넣어 보고 이렇게 만들어 보면서 이런 생각이 들었다 혹은 "제가 이렇게 3가지 시안을 아이디어 스케치해 보았는데 여러분은 어떤 형태의 느낌이 더 좋으세요?"라고 콘텐츠를 통해 물어볼 수도 있습니다. 사람들과 소통하기도 하고, 내가 회사에 대해 이런 생각들을 가지고 있다는 메시지들을 일상 콘텐츠에 담아내는 것입니다.

#일상 속 나의 생각

일뿐만 아니라 여러분의 휴식 시간도 중요합니다. 예를 들어서 코로나로 비대면 강의를 열심히 하다가 코로나 단계가 좀 떨어지면서 오랜만에 밖에 나갔는데, 홍제천에 꽃을 보는데 너무 반가운 마음이 듭니다. 그래서 '봄을 느낄 수 있는 게 너무 행복이다'라는 생각들. 일상에서의 그런 생각들을 나누는 게 바로 일상 콘텐츠입니다.

일상 콘텐츠 안에도 단순한 일상이 아니라 나란 사람이 어떤 생각을 하고 삶을 살아가는 사람인지, 일에 대한 생각 또 운동에 대한 생각, 사람들에 대한 생각들, 이것들을 녹여가는 게 중요한 포인트에 해당합니다.

4. 소비자 콘텐츠

마지막으로 소비자 콘텐츠는 소비자가 스스로 올리는 콘텐츠입니다. 내가 소비자 콘텐츠를 올렸다면 그것은 홍보 콘텐츠이며, 여기서 이야기

소비자가 스스로 올린 콘텐츠

Consumer Contents

= 강의 후기, 경험 콘텐츠, 자발적 참여 콘텐츠

하는 소비자 콘텐츠는 내가 아닌 소비자들이 스스로 올린 콘텐츠입니다.

가장 보편적인 게 강의 후기, 사용 후기, 제품 후기, 경험 콘텐츠 같은 것들입니다. 예를 들어 1인 기업에 가장 중요한 강의 후기들, 프로젝트 후기들을 이끌어내는 것도 중요합니다. 그래서 여러분을 만난 사람들한

신년특강 가슴뛰는 행복한 성장(원연희, **최은희**,박현근**강사님**) 2020.01.03.
원연희 **강사님**, **최은희** **강사님**, 박현근 **강사님**.... 모두들 각 분야의 전문가들이 초청되었네요. 첫번째 강의는 현재 교보생명 마스터**강사님**이신 원연희 **강사님**이...
kevin 의 my story~... blog.naver.com/qtjsm79/221758005443   블로그 내 검색

블로그 브랜딩 강의는 공감마케터 **최은희 강사님**의 세나시 2019.06.27.
해주시는 **최은희** 공감 마케터님의 열정에 탄복한 1인입니다 그런 정열의 **강사님**과 개인 브랜드에 타는 목마름을 느끼고 있었던 3기 수강생들이 만나 엄청난 친목과...
스마트폰 영상 교육... blog.naver.com/94taepd/221572299981   블로그 내 검색

[명사를 만나다-강연6]고수들의 실전 SNS- **최은희강사님** 2019.06.11
최은희 강사님 SNS 특징에 대해 알기전, 먼저 마케팅에 대한 이해가 중요하다고 하셨다. **강사님**께서는 우리 제품들의 장점을 어떻게 많이 알려서 많이 팔수 있을까는...
라이프빌드업:나빌 blog.naver.com/yerpgigigigi/221559133653   블로그 내 검색

공감마케터 **최은희강사님**의 소셜마케팅 수업내용 요약 2019.06.20.
#공감마케터 #**최은희강사** #세나시스쿨 소비자컨텐츠 유발행동 ㅎㅎ 꼭.. 4C 최은희 강사 브랜드 컨셉 어떤 근거로 인해? idea 누구에게 어떤 혜택을 주는? target&Benefit...
처음부터 끝까지 같... blog.naver.com/sperodahee/221566447622   블로그 내 검색

테 SNS 채널에 후기를 간략하게 남겨 달라고 부탁하는 일은 절대 창피한 게 아닙니다. 그냥 그들의 진솔한 생각을 나누는 거니까요. 여러분을 만난 이야기를 꼭 SNS에 올려주실 것을 부탁해 보시기 바랍니다.

★ 콘텐츠 발행 시 유의할 점

지금까지 네 가지 콘텐츠에 대해 알아봤는데, 콘텐츠 발행 시 유의할 점 한 가지를 알려드리겠습니다.

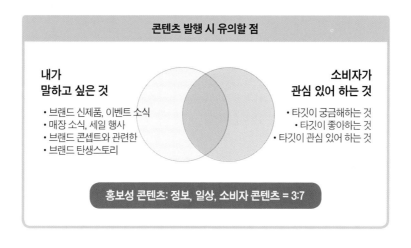

SNS 채널을 운영하면서 우리가 사람들에게 말하고자 하는 것들이 있습니다. 브랜드에 신제품이 나왔을 때, 새로운 이벤트를 한다거나 매장의 어떤 소식, 세일 행사 이런 것들 알리고 싶고 홍보하고 싶습니다. 그런데 보통 사람들은 자신이 관심 있는 것만 봅니다. 그러니까 소비자가 궁금해하는 거, 좋아하는 거, 관심 있어 하는 것에 해당하는 콘텐츠를 발행하는 게 가장 좋습니다. 우리가 홍보성 콘텐츠를 발행하면서도 거기에 시즌 이슈를 담거나 특별한 가치를 담으려고 하고, 일상 콘텐츠 안에서도 나의 생각들을 담으려고 했던 이런 노력들은 사람들의 관심을 얻을 수 있는 홍보성 콘텐츠를 발행하기 위함입니다.

그런데 실은 모든 것이 교차점에 딱 들어가진 않습니다. 어떤 건 누가 봐도 홍보적일 수밖에 없는 콘텐츠도 있습니다. 교차점에 들어가지 않는 홍보 콘텐츠도 발행해야 합니다. 그래서 콘텐츠를 발행할 때 나만의 기준점이 필요합니다. 나는 채널을 운영할 때 홍보 콘텐츠를 아무리 많아도 전체 콘텐츠의 3할만 쓰고 나머지 7할은 정보, 일상, 소비자 콘텐츠를 쓰겠어!'라고 여러분이 기준 정책을 정해두는 것이 좋은 방법이 될 수 있습니다.

★ 4가지 콘텐츠의 개별 역할

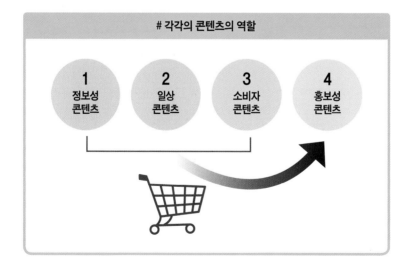

4가지 콘텐츠들은 각자의 역할을 가지고 있습니다. 먼저 여러분의 채널에 유입을 이끄는 콘텐츠는 대부분이 정보성 콘텐츠에 해당합니다. 사람들이 느끼기에 유익하고 도움 되는 콘텐츠를 통해서 여러분 채널에 사람들의 유입이 일어납니다. 그렇게 정보성 콘텐츠를 보고 나서 해당 콘텐츠가 유용했다면, 사람들은 콘텐츠를 발행한 채널에 궁금증을 가지게 됩니다. 여러분의 채널을 둘러보면서 다른 콘텐츠도 보게 됩니다. 그러다가 일상 콘텐츠를 보고, 이 사람은 이런 생각을 하고 삶을 살아가는구나 하고 알게 됩니다.

그리고 소비자가 작성한 콘텐츠를 통해, 이 사람을 만난 소비자들이 어떤 경험을 했고 어떤 느낌을 가졌는지를 알게 되고 여러분을 신뢰할 수 있게 됩니다. 또한 여러분이 판매하는 상품이나 서비스를 홍보하는 홍보콘텐츠를 보고 믿을 만한 사람이라는 인식과 함께 상품이나 서비스를 선택하게 됩니다.

정리해서 이야기하자면, 먼저 정보성 콘텐츠를 통해서 사람들은 유입되고 자신의 궁금증을 해결하고, 일상 콘텐츠를 보게 됩니다. 정보성 콘텐츠는 머리를 열고 일상 콘텐츠는 마음을 열게 합니다. 소비자 콘텐츠에서는 신뢰감을 형성하게 됩니다. 그래서 마지막에 판매하는 제품과 서비스를 담은 홍보성 콘텐츠를 통해서 사람들의 지갑이 열리게 됩니다.

이렇게 여러분의 채널에도 4가지 콘텐츠의 포트폴리오를 구성해야 합니다. 각각의 역할들을 이해하고 콘텐츠를 발행한다면 더욱 효과적으로 채널을 운영할 수 있습니다.

지금까지 SNS 퍼스널 브랜딩 콘텐츠에 대해 자세히 알아봤습니다. 콘텐츠를 통해서 사람들은 우리를 경험하게 됩니다. 그리고 우리를 그들의 문제를 해결해 줄 사람으로 인식하게 되면 사람들이 알아서 우리를 찾아오게 됩니다. 이렇게 콘텐츠만 잘 만들어 놓는다면 여러분이 잠을 잘 때도, 바깥에서 다른 일을 할 때도, 콘텐츠가 여러분 대신 일하게 됩니다. 사람들은 다양한 온라인 디지털 플랫폼에서 콘텐츠를 통해 여러분들을 간접 경험하게 되겠죠? 그리고 종국에는 이 네 가지 콘텐츠들이 사람들의 지갑을 열게 만듭니다.

상위 1%도 모르는 온라인에 검색되는 '나'를 만드는 방법

모임에 가서 명함을 받았다고 상상해보겠습니다. 이야기를 나누고 상대방에게 좋은 느낌을 받았다고 하면, 집에 돌아가면서 여러분은 뭘 할까요? 누군가에 대해서 궁금하면 보통 어떻게 할까요? 대부분 네이버에 물어봅니다.

상대방의 명함을 봤더니 브랜드 콘셉트가 '공감마케터'라고 되어 있습니다. 그러면 네이버에 '공감마케터'라고 검색을 해 볼 수 있습니다. 또는 '공감마케터 최은희', '최은희 대표' 이렇게 검색해 볼 수도 있습니다. 검색 결과를 확인해 봤더니 공감마케터라고 검색했을 때 네이버 오디오클립,

NAVER 공감마케터 최은희

VIEW 영역에 블로그, 카페 글, 탈잉 사이트, 페이스북, 블로그 채널, 동영상 섹션에 공감마케터 관련 영상, 뉴스 등 관련된 수많은 온라인 콘텐츠를 발견할 수 있습니다.

온라인 퍼스널 브랜딩의 꽃인 인물 정보, '최은희 대표'로 검색을 했더니 인물 정보가 바로 떴습니다. 소속이 어디고 학력이 어떻고 그리고 지금 운영하는 사이트와 출간한 책까지 한꺼번에 나옵니다.

이렇게 당신을 몰랐던 사람이 오프라인에서 당신을 만나고 궁금해서 온라인상에 검색해봤을 때, 검색 결과 안에 여러분의 내용이 없다면 어떨까요? '별로 알려진 사람이 아니구나'라고 생각할 수 있습니다. 그래서 **디지털상의 여러분의 콘텐츠, 채널, 데이터들을 만들어 놓는 것이 무엇보다 중요합니다. 온라인에 검색되는 사람이 되세요.**

그런데 만약에 여러분의 이름이든 브랜드 콘셉트이든 어떤 정보도 알고

있지 못했던 사람들은 어떻게 여러분을 온라인상에서 만나볼 수 있을까요?

예를 들어서 마케팅이 궁금한 사람이 있다고 합시다. 인스타그램을 처음 시작하게 되어 피드에 게시물만 올리는데 스토리를 어떻게 올리는지, 하이라이트에는 어떻게 올리는지 이런 것들이 궁금해졌습니다. 그래서 네이버에 '인스타그램 하이라이트'라고 검색을 해 봅니다. 또는 유튜브를 시작했는데 유튜브 계정을 만들고 채널명을 바꿔야 되는데 어떻게 채널

명을 정할지 고민이 됩니다. 그럼 네이버에 '유튜브 채널명'이라고 검색해 볼 수도 있습니다. 인스타그램에서 광고를 집행해보고 싶다면 '인스타그램 스폰서 광고'라고 검색해 볼 수 있습니다.

각각의 검색 결괏값들을 보면 뷰라는 영역이나 블로그 섹션의 해당 콘텐츠가 상단에 노출되는 것들을 볼 수 있습니다. 인스타그램 하이라이트로 검색된 결과 안에서 상위 노출되는 콘텐츠들 중 제목이 끌리거나 또는 썸네일 이미지가 매력적인 그런 콘텐츠를 여러분이 선택할 수 있습니다. 이런 선택으로 저의 채널에 방문하게 됩니다.

저를 모르는 사람들이 마케팅에 대한 궁금증으로 검색을 했을 때, 이렇게 검색 결과 안에 저의 채널 콘텐츠가 노출됨으로써 사람들이 저를 알게 됩니다. 아 이런 사람이 있구나. 그래서 인스타그램 관련된 콘텐츠를 찾다가, 유튜브 관련된 검색을 하다가 저를 알게 되어 찾아오는 분들이 정말 많습니다.

그렇기 때문에 온라인에서 검색되는 나를 만드는 두 가지 방법은 다음과 같습니다. 첫 번째는 이미 나를 알고 있는 분들이 나에 대해서 궁금해 검색을 해 봤을 때 결과에 나와 관련된 콘텐츠가 온라인상에 존재하고 있어야 합니다. 두 번째로는 나를 알지 못하는 사람의 경우 나의 도움이 필요한 주제 영역과 관련된 콘텐츠 키워드로 검색을 했을 때 나의 채널 콘텐츠들이 상위 노출이나 검색 결과로 나와야 합니다.

★ 온라인에서 검색되는 나를 만드는 키워드 3종

온라인에서 검색되는 나를 만드는 키워드에는 세 가지 유형이 있습니다.

첫 번째는 브랜드 키워드입니다. 브랜드 키워드는 나를 나타내는 키워드입니다. 이 키워드를 사용할 경우는 이미 나에 대해서 아는 경우에 해당합니다. 나의 닉네임, 브랜드 콘셉트, 이름, 회사명 같은 것들이 나의 브랜드 키워드가 됩니다. 나의 브랜드 키워드 검색 결과 안에 나와 관련

온라인에서 검색되는 나를 만드는 키워드 3가지

브랜드 키워드	나를 나타내는 키워드 ex)닉네임, 이름, 브랜드 콘셉트, 회사명 등
전략 키워드	나의 잠재고객이 나를 찾기 위해 검색하는 키워드 ex)브랜드 마케팅 전문가
유효 키워드	나의 콘텐츠가 상위 노출되고 있는 키워드 ex)인스타 스폰서 광고, 줌 사용법

된 콘텐츠가 기본적으로 노출돼야 되는 부분들이 SNS 퍼스널 브랜딩에서 기본적으로 가장 중요한 부분에 해당합니다.

두 번째는 전략 키워드입니다. 전략 키워드는 나의 잠재고객이 나를 찾기 위해 검색하는 키워드입니다. 나에 대해서 아직 알고 있지 못할지라도 나의 잠재고객이 될 사람들이 굉장히 궁금해하는 것들에 대한 키워드가 있습니다. 예를 들어서 브랜드 마케팅 전문가를 섭외하고 싶다면 네이버에 브랜드 마케팅 전문가라고 검색해 볼 수 있습니다. 검색 결과 콘텐츠 중에 내 콘텐츠가 상위에 노출돼 있으면 해당 경로를 통해서 사람들이 나를 찾아올 수 있습니다.

세 번째는 유효 키워드입니다. 나의 콘텐츠가 상위 노출된 키워드를 유효 키워드라고 합니다. 예를 들어서 블로그를 운영하든 인스타그램을 운영하든 내가 어떤 키워드로 지금 상위 노출되고 있는지 알고 있어야 합니다. 블로그 통계를 보면 통계의 유입 키워드를 통해서 내가 어떤

유형별 키워드 예시

브랜드 키워드	공감마케터, 세나시스쿨, 세나시, 세나시브랜딩스쿨
전략 키워드(나)	마케팅전문가, SNS마케팅전문가, 브랜드마케팅전문가
전략 키워드(사업)	마케팅강의, 마케팅교육, 마케팅컨설팅
유효 키워드	유튜브 채널명 추천, 인스타피드 올리기, 사업계획서PPT

키워드로 지금 상위 노출되고 있는지 알 수 있습니다. 인스타그램에서도 내 인기 게시물을 노출시키는 해시태그를 유효 해시태그라고 합니다.

이처럼 온라인에 검색되는 나를 만드는 키워드는 3가지입니다. 나를 나타내는 브랜드 키워드, 나의 잠재고객이 나를 찾기 위해 검색하는 전략 키워드, 나의 콘텐츠를 상위 노출하는 유효 키워드입니다.

그래서 저희 브랜드를 예로 들면 공감마케터, 세나시 스쿨, 세나시, 세나시 브랜딩 스쿨은 브랜드 키워드에 해당합니다. 전략 키워드는 저를 찾는 사람과 저의 사업, 둘로 나눠볼 수 있습니다. 저를 찾는 사람의 경우 전략 키워드는 마케팅 전문가, SNS 마케팅 전문가, 브랜드 마케팅 전문가 등입니다. 저의 사업과 관련된 전략 키워드에는 마케팅 강의, 마케팅 컨설팅이 해당합니다. 유효 키워드에는 유튜브 채널명 추천, 인스타피드 올리기, 사업계획서PPT 등이 포함됩니다.

이처럼 중요한 것은 온라인에서 검색되는 나를 만들고 싶다면, 가장 먼저 여러분이 검색되고 싶은 키워드가 무엇인지부터 선별해야 합니다.

★ 네이버에 나의 콘텐츠를 상위 노출하는 방법

네이버에 여러분의 콘텐츠를 상위 노출하는 방법은 크게 2가지입니다. 첫 번째는 여러분의 블로그 콘텐츠가 상위 노출되는 것이고, 두 번째는 다른 사람의 블로그를 통해서 상위 노출되는 것입니다.

"네이버가 좋아하는 블로그"

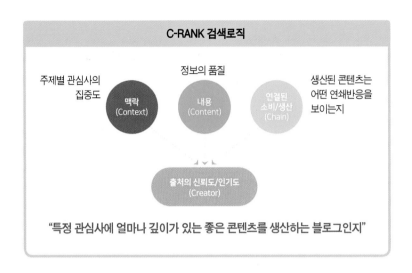

기본적으로 네이버 상위 노출을 하기 위해서는 네이버가 좋아하는 글, 네이버 알고리즘이 좋아하는 글을 써야 합니다. 네이버가 좋아하는 글은 네이버 알고리즘인 C 랭크와 다이아(D.I.A)를 이해하는 게 좋습니다.

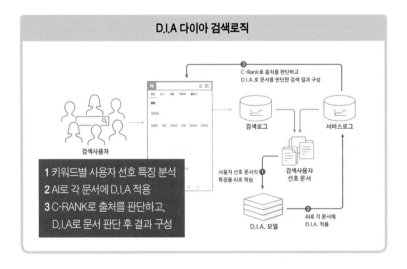

C 랭크는 문서 자체보다 해당 블로그의 신뢰도를 평가하는 알고리즘입니다. 그렇기 때문에 여러분의 블로그가 특정 관심사에 대해서 얼마나 깊이 있는 콘텐츠를 지속적으로 생산해 내는가가 중요한 부분에 해당합니다. 그렇다면 우리는 블로그를 어떻게 꾸려나가야 할까요? 아무 콘셉트 없이 이거 했다 저거 했다 하면 안 됩니다. 블로그에 여러분의 관심사를 담은 메인 주제가 반드시 있어야 합니다. 그리고 주제와 관련된 좋은 글을 지속적으로 발행하며, 신뢰와 인기도를 쌓아나가야 합니다.

다이아 알고리즘은 C 랭크 로직을 보완하기 위해 나온 알고리즘 로직입니다. 이 로직은 과거로부터 쌓아왔던 신뢰도보다는 문서 자체에 집중합니다. 문서 자체의 경험과 정보성을 분석해서 랭킹에 반영합니다. 여러분의 콘텐츠가 정말 양질의 콘텐츠여서 사람들에게 도움을 줄 수 있고 사람들의 반응도 좋은 콘텐츠라면 다이아가 높은 점수를 주게 됩니다.

정리해보면, **블로그의 상위 노출을 위해서는 특정 관심사에 대해 깊이 있는 콘텐츠를 지속적으로 생산해내면서 동시에 경험과 정보를 양질의 콘텐츠로 담아 사람들에게 도움을 주고, 그들의 반응을 이끌어낼 수 있어야 합니다.**

그런데 상위 노출도 중요하지만 처음부터 너무 의식하면 쉽게 지칠 수 있습니다. 그렇기 때문에 어떤 글을 네이버가 좋아하는지에 대한 개념을 알고, 포스팅을 지속적으로 진행하는 것이 가장 좋습니다. 그러다 보면 조금씩 지수가 올라가게 되고, 어느 순간 어떤 키워드로 쓰면 상위 노출이 되는지, 블로그가 최적화가 되었는지 느낌이 오는 시기가 찾아옵니다.

그러니까 여러분은 상위 노출의 중요한 부분이 어떤 부분인지 이 책에서 알려드린 내용만 기억하고 콘텐츠를 발행해 보시면 됩니다.

★ 나의 주력 분야 정해 보기

이제 실질적으로 온라인상에서 검색되게 하려면 자신의 주력 분야가 무엇인지를 먼저 정해야 합니다.

공감마케터의 관련분야

SNS 마케팅	SNS 마케팅 전문가	마케팅 브랜딩
브랜드 마케팅	브랜드 마케팅 전문가	
퍼스널 브랜딩	퍼스널 브랜딩 전문가	
1인기업	1인기업가	1인기업 지식창업
지식창업	지식창업가	

예를 들면, 저의 관련 분야들은 SNS 마케팅, 브랜드 마케팅, 퍼스널 브랜딩, 1인 기업, 지식 창업 등입니다. 그래서 마케팅, 브랜딩 관련 분야와 1인 기업, 지식 창업 관련 분야를 주력 분야로 들 수 있습니다. 이렇게 주력 분야가 정해졌으니 1인 기업 브랜드 마케팅 전문가, 1인 기업 지식창업 멘토 분야에서 나를 노출시켜야겠다는 전략을 세울 수 있습니다.

여러분도 주력 분야는 어떤 건지, 검색 결과로 나왔으면 하는 키워드는 어떤 건지를 찾고 기억해야 합니다.

고객이 알아서 찾아오게 만드는
전략 키워드 찾는 법

고객이 찾아오는 키워드 전략 수립

고객 정의하기 → 고객의 문제점 / 니즈 → 키워드 검색 → 키워드 수요 조사 → 키워드에서 콘텐츠 아이디어 얻기

고객이 알아서 찾아오는 키워드 전략을 수립하기 위해서는 먼저 고객이 누구인지 정의하고, 그들의 문제점과 니즈를 파악합니다. 여기까지는 앞서 모두 설명한 부분입니다. 그런 후에 고객의 문제점과 니즈와 관련된 키워드 검색을 해 봅니다. 네이버에는 키워드 도구라는 페이지가 있는데 여기서 어떤 키워드가 한 달에 몇 번이나 검색되는지 데이터를 볼 수 있습니다. 그 검색량을 통해서 어떤 키워드들이 수요가 많은지 사람들이 어떤

키워드를 많이 검색하는지 확인할 수 있습니다. 그렇게 수요 조사를 통해서 사람들이 많이 찾는 키워드를 알게 되면 사람들의 관심을 끌 수 있는 콘텐츠 아이디어를 얻을 수가 있습니다. 좀 더 자세히 알아보겠습니다.

1. 네이버 키워드 도구 사이트에 접속하기

(https://searchad.naver.com/)

먼저 네이버 키워드 도구에 들어가서 관련 키워드를 넣습니다. 저는 SNS 마케팅을 강의하고 있으니까 SNS 마케팅 강사, 브랜드 마케팅, 퍼스널 브랜딩 같은 키워드로 조회를 해 볼 수 있습니다. 그러면 월간 검색 수 형태로 연관 키워드들이 쭉 나옵니다. 또한 오른쪽 다운로드 버튼을 눌러서 해당 내용들을 엑셀로 다운받을 수도 있습니다.

2. 연관 키워드 리스트업

	분류	연관키워드	토탈검색수	월간검색수(PC)	월간검색수(모바일)	월평균클릭수	월평균클릭수	월평균클릭률	월평균클릭률	경쟁정도	월평균노출광
1											
2		퍼스널브랜딩	3,150	1,260	1,890	2.6	0.7	0.23%	0.04%	높음	15
3		1인기업	2,220	910	1,310	1.9	7	0.23%	0.57%	높음	15
4		브랜드마케팅	1,960	1,160	800	7.8	4	0.72%	0.54%	높음	15
5		SNS마케팅강사	20	10	10	0.5	0	3.34%	0%	높음	15
6		SNS마케팅	4,490	2,440	2,050	24.9	34.5	1.09%	1.81%	높음	15
7		마케팅	43,600	24,300	19,300	43.7	54.5	0.2%	0.31%	높음	15
8		마케팅강의	470	280	190	4.7	4.5	1.71%	2.44%	높음	15
9		SNS마케팅강의	60	30	30	0.2	2.5	0.58%	7.36%	높음	15
10		SNS마케팅교육	610	260	350	6.8	18.8	2.66%	5.54%	높음	15
11		페이스북광고교육	#VALUE!	10	< 10	0.9	0	5.1%	0%	높음	15
12		브랜딩컨설팅	110	70	40	3.5	1.8	5.1%	4.07%	높음	15
13		브랜드아이덴티티	1,330	910	420	1.2	5.5	0.15%	1.4%	높음	15
14		브랜드기획	160	80	80	1.7	2	2.02%	2.57%	높음	15
15		디자인회사	2,560	1,270	1,290	52.9	36.3	4.43%	2.99%	높음	15
16		무자본창업	4,200	1,100	3,100	16.3	110.8	1.59%	3.83%	높음	15
17		커리어	17,250	6,250	11,000	0.9	0.7	0.02%	0.01%	높음	15
18		지식창업	160	70	90	1	0	1.45%	0%	높음	3
19		행복한은퇴발전소	50	20	30	0.3	0	1.33%	0%	중간	9
20		은퇴설계	290	170	120	0.5	0.3	0.3%	0.29%	높음	15

엑셀로 다운받은 항목에서 PC 검색 수와 모바일 검색 수를 합쳐서 토털 월간 검색 수를 만듭니다. 이 검색 수를 통해서 어떤 키워드들을 사람들이 많이 쓰는지 확인할 수가 있습니다. 그래서 나만의 키워드 리스트를 만듭니다.

3. 나의 키워드 리스트업

예를 들어 블로그 마케팅과 관련된 키워드 리스트를 만들어 봤습니다. 그러면 토털 검색 수가 2만 4천에서 내림차순으로 쭉 내려갑니다. 이것을 보면서 '아 사람들이 블로그로 돈 버는 법에 대해 관심이 있구나' 또는 '네이버 블로그 수익에 대해서 많은 관심이 있구나' 이렇게 검색 수를 보고 어떤 키워드에 사람들의 수요가 많은지 알 수 있습니다. 검색 수가 많은 키워드들에 대한 니즈가 많기 때문에 우리는 거꾸로 해당 키워드를 가지고 콘텐츠를 발행하는 것입니다.

	분류	연관키워드	토탈 검색수	월간검색수(PC)	월간검색수(모바일)
1	분류	연관키워드	토탈 검색수	월간검색수(PC)	월간검색수(모바일)
2	선택	블로그체험단	24,070	6,470	17,600
3	선택	네이버블로그수익	23,230	5,630	17,600
4	선택	네이버블로그만들기	20,690	6,590	14,100
5	선택	인스타광고	10,390	2,660	7,730
6	선택	SNS하는법	10,320	690	9,630
7	선택	인스타그램광고	5,410	2,790	2,620
8	선택	블로그꾸미기	3,610	2,860	750
9	선택	인스타그램홍보	3,420	1,310	2,110
10	선택	블로그이웃늘리기	3,410	1,010	2,400
11	선택	블로그체험단모집	3,190	890	2,300
12	선택	블로그만들기	2,940	1,790	1,150
13	선택	블로그서로이웃	2,880	720	2,160
14	선택	블로그체험단신청	2,830	690	2,140
15	선택	블로그포스팅	2,660	1,090	1,570
16	선택	블로그로돈버는법	2,660	730	1,930
17	선택	블로그썸네일	2,620	1,540	1,080
18	선택	블로그기자단	2,590	1,030	1,560
19	선택	블로그검색	2,540	660	1,880
20	선택	블로그방문자늘리기	2,390	720	1,670
21	선택	블로그글쓰기	2,240	1,030	1,210
22	선택	마케팅전문가	2,110	850	1,260
23	선택	블로그하는법	1,610	480	1,130
24	선택	SNS마케팅전문가	1,560	510	1,050
25	선택	블로그시작하기	1,550	630	920

4. 선 키워드 후 콘텐츠 작성

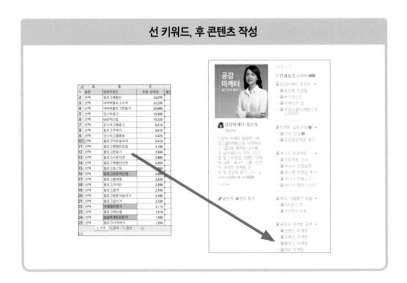

선 키워드, 후 콘텐츠 작성

보통은 우리가 어떤 주제로 콘텐츠를 발행해야지 생각을 하고 나서 어떤 키워드를 쓸지 생각하는 게 일반적인 순서입니다. 그런데 **우리는 거꾸로 해야 합니다. 바로 키워드 수요량을 측정합니다. 월간 검색 수를 측정해서 사람들이 어떤 내용에 관심이 있는지 체크를 한 후 키워드를 선택하고 콘텐츠를 발행하는 것입니다.**

수요가 있는 키워드를 가지고 콘텐츠가 작성되었기 때문에 사람들의 관심이 많은 콘텐츠가 발행이 됩니다. 그런데 그 키워드들은 애초에 여러분이 정의한 고객과 고객의 문제점, 니즈, 주제들을 통해서 만들어낸 키워드이기 때문에 여러분의 고객이 궁금한 키워드에 해당합니다. 이 키워드를 통해서 여러분 채널에 고객들이 들어오게 됩니다.

지금까지 나 대신 열심히 일하는 진짜 일꾼, 콘텐츠 기획에 대해 알아봤습니다. 그 콘텐츠들은 결국 고객이 검색한 키워드를 통해서 노출되기 때문에 여러분이 생각하는 키워드 말고, 여러분의 고객이 검색하고 있는 키워드, 고객이 생각하고 고객이 직접 사용하고 있는 키워드를 선정하는 게 무엇보다 중요합니다.

그러면 고객들이 사용하고 있는 키워드를 통해서 여러분 채널에 유입된 사용자들은 여러분이 만들어 놓은 4가지 유형의 콘텐츠들이 각자의 역할을 함으로써 고객들은 궁금증을 해결하고 여러분이 어떤 생각과 어떤 가치로 이 일을 하고 있는지 여러분을 만난 사람들은 어떤 부분에서 만족하고 있는지 알게 됩니다. 또한 이런 콘텐츠를 통해 여러분이 그들의 문제를 해결할 수 있는 사람이라고 인식하게 되어 계속 여러분을 찾아오게 될 것입니다.

5. 전략 키워드와 콘텐츠 제목 리스트

면역비즈니스리더님의 전략 키워드 & 콘텐츠 제목 리스트

NO	전략키워드	월간 PC 검색수	월간 Mobile 검색수	TTL 검색수	콘텐츠 제목
1	면역증강	50	70	120	이것만 지키자! 면역증강을 위한 생활습관 TOP 3
2	NATURALKILLERCELL	100	70	170	내 몸 속의 부대! 자연살해세포, NATURAL KILLER CELL을 아세요?
3	면역력강화영양제	60	190	250	위드코로나 시대, 면역력 강화 영양제 선택할 때 이것만은 꼭 확인하세요!
4	네트워크사업	70	210	280	네트워크 사업, 이제는 유통을 이끄는 상식이 되었습니다.
5	NK면역세포	70	270	340	우리 몸에서 NK면역세포가 하는 일!
6	4LIFE	140	760	900	세계 최고의 면역시스템 전문 기업, 4Life를 소개합니다.
7	NK세포검사	350	730	1,080	NK세포 활성도 검사로 내 면역력을 수치로 확인할 수 있다.
8	어린이면역	20	1,190	1,210	어린이 면역이 중요한 이유와 안전하게 지키는 방법
9	면역세포	580	710	1,290	자가면역질환 극복, 면역세포의 균형을 맞춰주면 가능합니다!
10	홍삼면역력	110	1,190	1,300	홍삼의 검증된 효능! 면역력 그리고 나머지 네 가지는?

마지막으로 전략 키워드를 활용하는 한 가지 팁을 더 알려드리겠습니다. 전략 키워드와 콘텐츠 제목 리스트를 만드는 것입니다. 각각의 키워드의 월간 검색량과 함께 어떤 내용의 콘텐츠를 앞으로 발행할지, 키워드를 넣은 제목을 미리 작성해 놓을 수 있습니다.

이렇게 되면 매번 콘텐츠를 작성할 때 키워드의 월간 검색량 찾고 어떤 내용으로 글을 쓸지 고민하는 시간이 줄어드는 장점이 있습니다. 이 양식을 유용하게 활용하시기 바랍니다.

퇴사 후 도대체 어떤 일을 해야 할지
모르겠어요

퇴사 후 막막함에서 자신감 넘치는 1인 기업가로 변신

자기 소개 및 퍼스널 브랜딩을 하기 전의 모습

블로그, 미리캔버스 등 SNS 마케팅 강의를 하고 있는 'SNS성장마케터' 김유선입니다. 20년간 다닌 직장을 그만두고 앞으로 어떤 일을 해야 할지 막막해하고 있었습니다. 화장품 회사에서 세일즈, 코칭, 교육 등의 업무를 실행했지만, 막상 회사를 그만두고 나니 나만의 콘텐츠를 찾기가 쉽지 않았습니다. 주변에서는 20년 동안 일했으니 그만 쉬어도 된다고들 했지만, 20년 동안 늘 무언가를 하다가 갑자기 쉬는 것이 쉽지 않았어요. 그러던 중 1인 기업 경영수업을 참여하게 되었고, 우연한 기회에 공감마케터 최은희 대표님의 멘토 인터뷰를 통해 '여성마케터의 SNS마케팅' 스토리에 관심을 가지게 되었습니다.

퍼스널 브랜딩을 통해 얻게 된 것

1인 기업 퍼스널 브랜딩 과정을 수강하며 얻게 된 가장 큰 삶의 변화는 '자신감'이었어요.

회사를 그만두고 나니 소속도 없고 하는 일도 명확하지 않은 저에게 '나'라는 브랜드를 찾고 정의하는 것은 정말 큰 가치를 발견하는 일이었습니다. 그 어떤 대기업의 이름과도 비교할 수 없는 소속감과 자신감 그리고 자존감까지 높여주었어요.

명확한 콘셉트는 제가 좋아하고 조금 잘한다고 생각했던 일을 추진할 수 있게 도와준 원동력이 되었습니다. 그저 회사 다닐 때 조금 잘한다고 생각했던 카드뉴스 만들기 정도의 실력으로 지금 세나시 브랜딩 스쿨에서 SNS 디자인 과정을 오픈하고 5기까지 운영하게 되었으니 말이죠. SNS성장마케터라는 명확한 브랜딩으로 인해 저는 SNS 마케팅 분야를 더 많이 공부하게 되었고, 제가 잘하는 영역에서 이제는 콘텐츠 소비자가 아닌 '콘텐츠 생산자'가 되어 SNS상에 꾸준히 저의 콘텐츠를 발행하게 되었습니다.

퍼스널 브랜딩을 통한 새로운 경험 및 성과

그 결과 1인 기업가들에게 SNS 디자인 및 SNS 코칭을 진행할 수 있었고, 블로그를 통해 강의 요청도 들어왔습니다. 또한 인스타그램 DM으로 출판사에서 책 출간 제의까지 받게 되는 신기하고 감사한 경험을 하였습니다. 저의 꿈 버킷리스트 중에 현재 중학생 3학년인 큰아들이 고등학교 졸업할 때쯤, 엄마가 쓴 책을 선물로 주는 것이 있었는데요. 퍼스널 브랜딩으로 인해, 저의 꿈 버킷리스트가 3년이나 앞당겨졌으니, 정말 엄청난 성과입니다.

많은 1인 기업가들이 자신만의 비즈니스를 키워가며 열심히 살아가고 있습니다. 하지만 어느 순간 비즈니스의 확장이 멈춰버리는 경우가 있을 거예요. 또는 저처럼 1인 기업가의 시작을 꿈꾸는 분도 있을 수 있습니다. 나의 꿈을 조금 더 명확하게 인도해주는 퍼스널 브랜딩! 특히나 스마트폰이 인간에게 가장 가까운 도구가 되어버린 만큼 온라인상에서 나의 브랜딩과 홍보는 더더욱 중요하게 생각됩니다.

퍼스널 브랜딩을 꼭 추천하고 싶은 사람

많은 사람들에게 필요하지만 무엇보다 비즈니스의 확장을 꿈꾸는 분, 1인 기업가에 도전해보고 싶으신 분, 온라인에서 돋보이는 나를 발견하고 싶으신 분, 내 사업에 대해 자신감을 넘어 자존감을 찾고 싶으신 분, 그리고 다양한 SNS 채널을 어떻게 활용해야 할지 막막하신 분께 추천하고 싶습니다.

PART 5

딱 1번 배워, 평생 써먹는
브랜드 SNS 전략 채널
운영 노하우

아무도 가르쳐 주지 않았던, SNS 전략 채널 선정 비법

★ 나에게 딱 맞는 SNS 전략 채널을 선정해야 하는 이유

지금 가장 많이 사용하는 SNS 채널로는 인스타그램, 유튜브, 블로그, 페이스북 등 다양한 채널들이 있습니다.

1인 기업이나 소상공인이 온라인 마케팅을 하기 위해 지금 유행하는 채널들을 모두 운영하려 든다면 어떨까요? 대행사에게 채널 운영을 맡긴다면 모르겠지만, 직접 운영하며 성과를 내려면 정말 많은 시간과 에너지를 투여해야 합니다. 혼자서 처음부터 욕심을 내서 이 채널 저 채널 모두 오픈해서 운영한다면 단언컨대 어느 하나도 성공하기 힘듭니다.

이 장에서는 한정된 시간과 자원으로 최고의 효과를 내는 방법! 바로 여러분에게 딱 맞는 SNS 전략 채널 선정 방법을 알려드립니다.

특히 '시간'이 곧 '돈'에 해당되는 1인 기업가, 창업가, 콘텐츠 크리에이터, 인플루언서 지망생들에게 전략 채널의 선정은 무엇보다 중요하다고 할 수 있습니다. 특정 기간 동안 하나의 채널에 몰입해 해당 채널을 활성화시키는 데 집중해 봅니다. 해당 채널에서의 성공 경험과 노하우를 가지고, 다음 채널을 활성화시킵니다. 하나를 성공한 경험은 다른 채널을 성공시킬 확률을 높입니다.

그렇다면 이제 나에게 맞는 SNS 전략 채널이 어떤 것인지 알아보겠습니다. 지금 가장 유행하는 4개의 SNS 채널을 살펴보면서, 어떤 채널을 어떤 사람들에게 전략 채널로 추천하는지 확인해 보겠습니다.

★ 전략 채널 1. 전문가로 인식되는 블로그 채널

블로그 채널의 가장 큰 장점은 바로 네이버 검색 엔진 검색 결과에 노출이 된다는 것입니다. 블로그는 글, 사진, 영상 등 풍부한 콘텐츠를 담을 수 있는 특징으로 인해 모든 채널의 콘텐츠 생산 허브 역할을 하기에 상당히 좋은 채널입니다.

블로그 BLOG

blog

- 웹(Web) + 일기장(Log)
- 자신의 관심사를 자유롭게 작성
- 네이버 검색엔진 검색결과에 노출 장점
- 콘텐츠 생산 허브
- 목적기반 검색 유입, 전환율 높음

블로그를 전략 채널로 선정한다면 알아두어야 할 점

블로그는 목적이 분명한 사람들이 검색을 통해서 유입되며, 마케팅 전환율이 높다는 부분이 큰 장점입니다. 블로그의 주제를 명확히 정하고, 해당 주제의 콘텐츠를 발행함으로써, 자신을 전문가로 브랜딩하기에 효과적인 채널입니다.

하지만 블로그 포스팅은 인스타그램, 페이스북에 비해 글을 쓰는 데 시간이 다소 오래 걸립니다. 블로그를 시작한 후, 자신의 글이 검색 엔진 검색 결과에 노출되는 데까지 시간이 소요됩니다. 초반에는 다소 지루하게 글을 쓰는 경험을 하게 됩니다.

그러나 자신의 잠재고객이 검색할 법한 전략 키워드를 선정해 꾸준하게 유용한 포스팅을 해나간다면 시간 투자 대비 확실한 결과를 만들어 낼 수 있는 채널입니다. 블로그는 한 개인의 히스토리를 담을 수 있는 채널로, 10년 이상 블로그를 운영했을 때 블로그는 나의 이력서가 되며, 나의 자기소개서가 됩니다. 누군가 당신의 블로그를 방문해, 당신이 10년 동안 한 주제에 지속적인 관심을 보여온 것을 확인한다면 어떨까요? 블로그를 통해 신뢰감을 주는 개인으로 사람들에게 인식될 수 있습니다.

블로그 전략 채널 추천 대상

블로그를 전략 채널로 선택하면 좋은 분들은 다음과 같습니다. 목적이 명확한 잠재고객이 채널에 유입되기를 원하는 사람(보험 상담, 중고자동차 상담 등), 지속적인 콘텐츠 양산이 중요한 지식 기업가들(강사, 컨설턴트, 코치 등)입니다. 그들에게는 블로그가 필수 채널입니다. 그리고 책 출간 전에 원고를 작성하며 사전 홍보하는 목적으로 활용할 수도 있습니다. 책 출간을 위해서는 블로그뿐 아니라 브런치라는 채널도 추가로 추천합니다.

블로그 전략 채널 추천 사례

지식창업을 꿈꾸는 직장인 A 씨의 스토리

요즘 유행하는 단어가 N잡, 투잡, 부업, 경제적 자유 등인 것을 보면 성인들의 관심사가 어떤 부분인지 알 수 있습니다. 여기 독립을 꿈꾸는 16년 차 직장인 A 씨는 이제 온라인 세상에서 활동을 시작하려고 합니다. 어떤 SNS 채널을 사용하는 것이 좋을까요?

직장인 A 씨는 20년간 기업에서 일을 해왔고, 이제 50대를 향해 가고 있는 터라 평생 직장이 사라진 요즘, 퇴사 후 지식창업에 대한 관심을 가지고 있습니다.

A 씨에게 블로그를 전략 채널로 추천하는 이유

지식창업은 무자본 창업이 가능합니다. 자신의 지식과 경험을 가지고 누군가에게 도움을 주는 일이 핵심입니다. 그러므로 회사를 그만두기 전 직장을 다니면서 동시에 준비하는 것이 용이합니다. 지식창업의 특성상 본인이 특정 주제에 대한 전문가로 인식되는 것이 무엇보다 중요합니다. 특히 직장에서 쌓은 경험의 연장선으로 지식창업의 주제를 선정한다면, 직장에서의 경력들이 고스란히 독립 후에도 연결될 수 있는 장점이 있습니다.

지식창업을 꿈꾸는 직장인 A 씨에게 우선순위가 높은 하나의 채널을 추천하자면 블로그 채널을 추천합니다.

먼저 어떤 분야의 지식창업을 원하는지 주제 선정이 필요합니다. 주제가 선정되었다면, 해당 주제와 관련된 자신의 경험과 생각, 지식들을 암묵지에서 형식지로 바꿔야 합니다. 바로 무형의 경험과 생각을 눈에 보이는 글과 사진 또는 영상으로 만들어야 한다는 것입니다.

그렇기 때문에 어딘가에 해당 내용이 기록되어야 합니다. 그 기록이 쌓여서 콘텐츠로 만들어 지면서, 쌓인 기록들이 그를 일반인에서 준전문가로 또는 전문가로 사람들에게 인식되게 해줍니다.

블로그라는 채널은 한 사람의 History이며, Resume의 역할을 합니다. 과거에 발행했던 콘텐츠들이 일자별, 카테고리별로 누적되어 있기 때문입니다. 비록 지금 직장에 매어 있어 적극적인 활동을 하지 못하더라도, 블로그를 통해 몇 년간 해당 분야에 지속적인 관심을 가지고 콘텐츠를 발행해 나간다면, 직장 속의 내가 아닌 해당 채널을 찾은 잠재고객들에게 나라는 이름, 블로그 닉네임으로 기억되며, 신뢰를 쌓아 갈 수 있습니다.

직장을 다니며, 앞으로 지식창업가로 독립하는 그날을 위해 독서와 강의를 통해 인풋을 쌓고, 직장생활 중에 경험들로 내공을 쌓으면서, 해당 분야에 관심 있는 사람들에게 도움이 될 콘텐츠를 발행한다면, 온라인에 A 씨의 구독자이자 팬들이 생깁니다. 이렇게 한 해 한 해 준비하다 보면, 퇴직을 고민하고 아무것도 하고 있지 않은 동료들에 비해 온라인상에서 자신의 존재감을 느끼며, 독립을 누구보다 자신감 있게 맞이할 수 있게 됩니다.

필자의 경우도, 직장을 다니며 개인 블로그를 시작하였습니다. 블로그를 통해 온라인상의 '나'라는 존재감을 느끼는 경험을 하였습니다. 그 당시 집과 회사를 왔다 갔다 하며 일과 육아로 정신 없었던 타임 푸어Time Poor이자 워커홀릭workaholic 워킹맘이었습니다.

어느 날 블로그를 만나, 그 당시 저의 관심사였던 마케팅과 육아와 관련된 이야기를 콘텐츠로 발행해 나가기 시작했습니다. 그 당시의 블로그 명은 '슈킹맘의 일하며 아기 키우는 이야기'였습니다. 회사에서는 온라인 영업팀장으로 쇼핑몰 운영과 온라인 마케팅을 수행한 경험들을 콘텐츠로 발행하였습니다. 퇴근하고 집에서는 아이와 짧은 시간에, 밀도 있게 놀아 주는 방법과 아이와의 일상 등을 담은 마케팅 & 육아 블로그를 운영할 수 있었습니다.

그렇게 16년 넘게 직장생활을 하며 운영한 블로그는 저의 삶의 스토리를 담는 공간이자, 직장 밖에 나라는 사람을 있게 해 준 첫 번째 기회의 채널이었습니다. 사실 블로그를 통해 새로운 사람들을 만나면서 나도 책을 출간할 수 있다는 것을 알게 되었고, 블로그와 책 출간은 제 인생의 터닝포인트가 되어주었습니다.

회사를 퇴사하고 1인 기업으로 독립하면서 '공감마케터'라는 닉네임으로 블로그를 리모델링 했습니다. '공감마케터의 SNS 브랜드 마케팅 이야기'라는 주제로 마케팅 전문 블로거로 탈바꿈하여 마케팅 관련 지식과 경험들을 콘텐츠로 발행하게 되었습니다.

지식창업을 희망하는 직장인이라면, 퇴사하기 전 계획을 세워 블로그를 전략 채널로 운영하는 것을 추천합니다. 블로그 채널을 공략해서 자신의 주력 분야로 콘텐츠를 발행하며, 해당 분야의 준전문가로 자리매김하는 경험을 하세요. 여러분이 원하는 삶을 현실로 만드는 데 블로그 채

널이 놀라운 온라인상의 기회를 가져다줄 것입니다.

★ 전략 채널 2. 잠재고객이 팔로워가 되는 인스타그램 채널

인스타그램은 사진 한 장과 해시태그만 가지고 광고 효과를 낼 수 있는 채널입니다. 비주얼적인 부분이 무엇보다 중요하기 때문에 뷰티, 맛집, 패션 분야에서 활용하기 시작해서 지금은 거의 모든 분야의 사람들이 인스타그램 채널을 활용하고 있습니다.

인스타그램을 전략 채널로 선정한다면 알아두어야 할 점

인스타그램은 요즘 많은 사람들이 사용하는 채널로, 비주얼 요소인 이미지, 영상 등을 통해 사람들을 감성적으로 설득하기에 용이한 채널입니다. 이미지 한 개와 해시태그만으로 콘텐츠 업로드가 가능해서 콘텐츠 발행이 쉽습니다.

블로그에 비해 좋은 점은 인스타그램 채널은 오픈하자마자 바로 사람들의 반응을 얻을 수 있다는 것입니다. 일상이 곧 인스타그램 콘텐츠가 되며, 모든 콘텐츠에는 콘텐츠 주제를 나타내는 해시태그를 사용해 특정 타깃 고객들과의 연결이 가능합니다.

단점으로는 비주얼 요소가 강하다 보니, 사진 및 영상 촬영 감각이 중요합니다. 지속적으로 자신의 일상을 사진과 영상으로 담으며 촬영 감각들을 익히는 것을 추천합니다. 팔로워 기반의 마케팅 채널인 인스타그램은 콘텐츠만 포스팅하고 가만히 있기보다는 어느 정도 브랜딩이 되기 전까지는 부지런히 선팔(팔로잉을 먼저 하는 것)을 하며 맞팔(서로 팔로잉 하는 것)을 유도하거나, 팔로워들의 피드에 좋아요와 댓글을 통해 먼저 다가가는 것이 중요합니다.

인스타그램 전략 채널 추천 대상

인스타그램은 2030세대가 비즈니스의 주요 타깃이었으며, 이제는 전세대에 걸쳐 가장 보편적으로 사용되고 있는 채널입니다. 만약 여러분의 제품과 서비스가 비주얼적 요소가 중요하고, 이 요소가 여러분의 제품과 서비스를 선택하게 만드는 요인이라면 인스타그램을 추천합니다.

개인에게 있어서는 일상이 굉장히 특별하거나 사진이나 영상 촬영에 자신이 있는 분들께 인스타그램을 추천합니다. 요즘은 거의 모든 브랜드가 이 채널을 활용하고 있다고 해도 과언이 아닙니다. 그만큼 유행하고 있는 채널이라고 할 수 있습니다.

인스타그램 전략 채널 추천 사례

영어학원 원장 B 님의 스토리

대한민국의 교육사업은 정말 뜨겁습니다. 아이들의 영어 조기교육부터 시작해 거의 평생을 영어학원에 투자하는 부모들이 상당히 많습니다. 수요가 많은 만큼 지역 영어학원의 수 또한 많은 터라 학생 유치를 위한 경쟁이 치열할 수밖에 없습니다.

지역 거점으로, 프랜차이즈가 아닌 자신만의 브랜드로 영어학원을 운영하고 있는 원장 B 씨는 요새 원생이 줄고 있어 고민입니다. 학원 커리큘럼이나 학생들 학업 만족도가 높다고 생각했는데, 최근 인근에 대형 프랜차이즈 학원들이 들어서면서, 학원을 바꾸는 부모들이 많이 생기고 있기 때문입니다.

프랜차이즈와 비교해 우리 학원의 장점과 경쟁력을 어떻게 알릴 수 있을까? 고민하는 B 씨는 학원을 홍보해줄 SNS 채널이 필요함을 이제 절실히 느끼게 됩니다.

B 씨에게 인스타그램을 전략 채널로 추천하는 이유

이 학원의 아쉬운 점을 꼽자면, 학원의 실력만 믿고, 입소문으로만 원생을 유치해 왔다는 것입니다. 신규 고객이 만들어지는 데 중요한 사람들의 구매 결정 과정에 관심을 갖지 않았습니다. 사람들은 어떤 것의 구매를 결정하기 전에 인터넷 검색을 해 보는데, 학원의 경우 검색을 통해 평판을 확인하고자 합니다. 특히 학원의 평판을 중요하게 여기는 젊은 부모들에게 인터넷상에 학원의 이야기가 없다는 것은, 학원에 대한 신뢰도에 의문점으로 작용할 수 있습니다.

또한 그 학원을 누가 운영하느냐도 중요합니다. 원장의 교육 철학과 성품이 고스란히 학원 선생님들과 아이들을 관리하고 학원을 운영하는

데 나타나기 때문입니다. 학부모들의 최대 관심사는 우리 아이들이 학원에 가서 수업을 제대로 받고 있는지, 즐겁게 공부를 하며 성장하고 있는지 여부입니다. 물론 시스템을 갖춘 학원은 학부모에게 문자메시지나 앱을 통해 공지사항과 학습 현황을 전달하지만, 그런 텍스트만으로 학부모들의 만족을 이끌기에는 부족합니다. 사람들은 텍스트보다는 말로 듣는 것을, 말보다는 눈으로 직접 보는 것을 확실하게 여기기 때문입니다.

학원은 신규 원생 모집도 중요하지만, 기존 원생들을 유지해 나가는 것도 중요합니다. 부모들이 생각하는 영어 학원 선택의 기준은 무엇일까요? 물론 영어 실력이 느는 것이 가장 크지만, 그다음으로는 아이가 영어를 즐겁게 익혔으면 하는 것이기도 합니다. 부모들이 학원에 와서 보지 않는 이상, 아이들이 어떻게 수업을 하는지 알 수가 없습니다.

그래서 매일 아이들의 학습 광경을 사진에 담습니다. 재미있게 활동하

우수 사례 - 아티잉글리시 BY 유진티처

며 미소 짓는 아이들의 얼굴, 성과를 달성한 아이들의 스코어 표, 선생님의 따뜻한 성품이 느껴지는 미소, 아이가 수업에 참여하는 모습 등이 글로 표현되는 것보다 감성적인 사진과 영상으로 인스타그램에 소개된다면 어떨까요? 물론 부모님들께 매주 아이들의 모습을 볼 수 있음을 알리고 인스타그램 맞팔을 유도한다면, 새로운 콘텐츠 발행 시 학부모들의 뉴스피드에 새로운 콘텐츠가 배달될 것입니다.

또한 학원 원장님의 영어 교육에 대한 생각과 부모님들을 위한 아이 교육 정보들을 정기적으로 콘텐츠로 발행한다면, 더욱 신뢰감을 얻는 학원의 이미지가 만들어질 것입니다.

인스타그램을 통해 신규 원생의 유입을 이끌 수도 있습니다. 지역성을 띤 영어학원의 특성을 확인해 지역 관련 해시태그 또는 타깃 고객들이 검색해 볼 법한 해시태그들을 발굴해서 콘텐츠 발행 시에 해시태그를 꼭 넣습니다. 만약 인기 게시물이나 해시태그 검색에 뜬다면 신규 잠재고객에게 노출되어 학원 인스타그램 채널에 유입되게 됩니다.

학원 홍보물이나 홈페이지에도 학원의 실제 수업 모습을 인스타그램에서 확인 가능함을 안내한다면, 기존 학원 수강생을 둔 부모뿐 아니라 해당 학원 수강에 고민이 되는 부모들에게 선택을 이끌 수 있는 요소로 작용할 수 있을 것입니다.

이런 이유로 영어학원을 운영하는 B 원장님에게는 인스타그램을 전략 채널로 운영하는 것을 추천합니다.

★ 전략 채널 3. 대중에게 영향력을 높이는 유튜브 채널

유튜브 채널은 전 세계 유저들을 상대로 마케팅하기 좋은 채널입니다. 유튜브 채널 운영은 중장기적으로 플랜을 가지고 진입해야 합니다. 영상을 촬영하고 편집하는 데 시간이 많이 들고, 알고리즘에 최적화되기까지 상당히 많은 시간이 들 수 있기 때문입니다. 활성화되면 높은 영향력을 발휘할 수 있지만 단시간 안에 높은 효과를 보기에는 힘든 채널입니다.

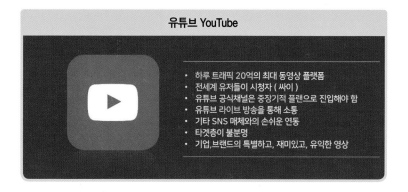

유튜브를 전략 채널로 선정한다면 알아두어야 할 점

유튜브는 대중을 상대로 영향력을 증대하는 데 효과적입니다. 유튜브 영상을 통해 자신의 말하는 스타일, 표정, 제스처 등을 보여주기 때문에, 자신을 PR 하는 데 효과적입니다. 유튜브 크리에이터, 인플루언서들이 주력하는 전략 채널에 해당합니다. 유튜브의 경우 얼굴 노출 등 초기 진입 장벽을 넘어야 하며, 촬영 및 편집 시간 등 초기 노력이 많이 들어갑니다. 유튜브 알고리즘에 의해 노출이 결정되며, 다른 채널에 비해 알고리즘에 선택받는 것이 어렵습니다.

유튜브 전략 채널 추천 대상

대중을 상대로 자신의 영향력을 증대하고 싶은 사람이라면 유튜브 만한 채널이 없습니다. 국내뿐 아니라 해외 시장 진출을 희망하는 기업이나 사람들에게도 유튜브가 적합합니다. 말, 외모, 제스처와 같은 요소로 자신을 증명해 보이기를 원하고 또 그게 비즈니스의 경쟁력이라면 유튜브 채널을 전략 채널로 선택하세요.

유튜브 전략 채널 추천 사례

이미지 강사 C 대표님의 스토리

퍼스널 이미지 교육 및 컨설팅을 주로 하는 C 대표의 경우, 기존에 인스타그램을 통해 사람들과 활발히 소통을 해왔습니다. 하지만 인스타그램만으로는 아쉬움이 있어 보다 강력한 채널의 운영을 생각하게 되었습니다.

C 님에게 유튜브를 전략 채널로 추천하는 이유

인스타그램과 함께 지금 가장 각광받고 있는 채널로는 유튜브를 꼽을 수 있습니다. 특히 이미지 전문가는 항상 이미지의 차이를 보여주면서, 사람들에게 정보를 제공해야 합니다. 이미지와 영상을 통해 사람들을 이해시키는 것이 효과적이기 때문에 유튜브 채널을 전략 채널로 삼는 것이 효과적입니다.

그리고 많은 강의와 컨설팅을 통해 다양한 콘텐츠와 사례들을 가지고 있다면, 이미지와 자료들을 영상으로 형식을 바꾸어서 보여줄 수 있습니다. 또한 본인이 이미지 전문가로 사람들에게 신뢰를 얻을 수 있는 외모와 제스처를 가지고 있다면, 유튜브 채널을 제1채널로 공략하는 것을 추천합니다.

우수 사례 - 팽대표의 나를 찾는 TV 유튜브

우수 사례 채널은 독자 3.8만 명을 넘긴 '팽대표의 나를 찾는 TV' 채널입니다. 영상을 보면 자신의 교육 과정에 담은 모든 정보를 여실하게 영상으로 제공하고 있습니다. 한마디로 아끼지 않고 모두 퍼 주는 콘텐츠에 해당됩니다.

거기에 덧붙여서 영상 제작의 퀄리티가 상당합니다. 보통의 사람들은 처음부터 영상을 외주로 진행할 생각을 못했지만, 그녀는 이미지를 다루는 직업이기 때문에 자신의 영상에 사전 투자를 한 것이 성공 요인 중 하나로 작용했습니다. 앞으로도 양질의 콘텐츠가 지속적으로 업데이트되면서 지속적인 성장을 이끌 것으로 보입니다.

영상을 통해 소구하는 것이 효과적이고, 대중을 상대로 영향력을 높이고 싶다면 유튜브 채널을 전략 채널로 추천합니다.

★ 전략 채널 4. 인맥 형성에 효과적인 페이스북 채널

페이스북은 인맥 형성에 가장 강점을 가진 채널입니다. 글, 사진, 영상, 링크를 자유롭게 올릴 수 있고, 공유나 확장성도 강력한 채널에 해당합니다.

페이스북을 전략 채널로 선정한다면 알아두어야 할 점

페이스북은 전문가, CEO, 남성들이 주요 사용자입니다. 프로필 계정을 통해 비즈니스적으로 인맥을 넓히기에 용이합니다. 콘텐츠 발행의 경우 글, 사진, 영상 등을 제약 없이 자유롭게 올릴 수 있습니다. 페이스북은 인스타그램과 비교 시 사진보다 글의 중요도가 더 높습니다. 페이스북을 이용할 경우 개인 채널인 프로필을 사용할 것인지, 브랜드를 홍보하는 비즈니스 채널로 활용할 것인지의 선택이 필요합니다.

페이스북 전략 채널 추천 대상

페이스북을 전략 채널로 선택하면 좋을 추천 대상은 다음 3가지 유형에 해당됩니다. 첫 번째로는 기업, 기관, 전문가, CEO와 같이 페이스북을 사용하는 주된 유저층을 대상으로 비즈니스 인맥 형성이 필요한 사람들입니다. 두 번째는 특정 타깃과 관계를 맺고 그들에게 '나'라는 사람을 인지시키는 퍼스널 브랜딩을 하고자 하는 사람들입니다. 세 번째는 페이스북상에서 자신의 의견을 표현하고 소통하기 원하는 사람들에게 추천합니다.

페이스북 전략 채널 추천 사례

미술용품 쇼핑몰 운영자 D 대표님의 스토리

온라인 미술용품 쇼핑몰을 운영하는 D 대표님의 경우 수채화, 아크릴화, 유화 등 그림에 사용되는 모든 미술도구를 취급하고 있습니다. 해당 쇼핑몰은 미술도구 판매 뿐 아니라 미술인들의 커뮤니티 운영에도 관심이 있습니다. 쇼핑몰 관련 SNS 채널을 운영하면서, 동시에 커뮤니티도 함께 운영을 희망하고 있습니다.

D 대표님에게 페이스북을 전략 채널로 추천하는 이유

미술용품 쇼핑몰의 주요 타깃은 미술인입니다. 대한민국 미술인에 여성보다 남성이 많다는 사실 아시나요? 페이스북 사용자층에는 장년층 남성 사용자들의 비율이 높습니다. 쇼핑몰을 운영하며 SNS 채널과 커뮤니티 채널을 동시 운영하고자 한다면, 동일 플랫폼에서 다수의 채널 운영이 가능한 페이스북이 효과적입니다. 페이스북은 프로필, 페이지뿐 아니라 페이스북 그룹이라는 커뮤니티 채널이 있기 때문입니다. 미술용품 쇼핑몰을 운영하는 D 대표님의 경우 개인계정으로는 페이스북 프로필, 비즈니스 계정으로는 페이스북 페이지와 페이스북 그룹을 추천합니다.

페이스북 페이지의 경우, 도달률이 10~12% 정도로 낮으므로, 페이지 운영 시 정성을 쏟아 콘텐츠를 발행하는 것이 중요합니다. 광고비 예산을 투여할 수 없다면, 페이스북 페이지 운영은 쉽지 않습니다. 하지만 페이지를 서포트하는 페이스북 그룹이 있다면 다른 이야기입니다.

현재 D 대표님은 커뮤니티 운영에 관심을 가지고 있는 터라, 페이스북 프로필 계정을 운영하며 미술인들과의 관계 형성에 집중합니다. 이후 그룹을 개설해, 기존 미술인들의 참여와 신규 미술인들을 그룹에 유입시키는 것이 중요합니다. 이렇게 미술인들이 그룹이라는 채널을 통해, 멤버 의식을 갖고 활동하며 그룹에 애정을 갖게 된다면, 그룹 멤버들과 함께 미술용품 페이스북 페이지를 운영해 나갈 힘이 됩니다.

페이스북 그룹에 멤버들이 올린 콘텐츠들을 소재로 해서 페이스북 페이지에 콘텐츠 큐레이션이 가능하며, 자신의 작품이 페이지에 소개되었을 때 해당 작가는 페이지에 대한 애정을 느끼고, 자신의 페이스북 프로필을 통해 페이지 홍보에 나설 것이기 때문입니다.

우수 사례 - 화방넷 페이스북

우수 사례로 팔로우 17만 명을 보유한 화방넷 페이스북 페이지가 있습니다. 화방넷은 미술용품 쇼핑몰로 시작해서 다양한 미술 관련 콘텐츠를 기반으로 운영되고 있는 미술용품 전문 온라인 스토어 기업입니다. 그림에 사용되는 모든 미술 도구를 취급하고 있으며, 1,000개 이상의 미술 브랜드를 취급하고, 미술 재료 유통뿐만 아니라 다양한 그림 관련 플랫폼과 커뮤니티를 운영 중에 있습니다.

그중 하나가 미술지식인이라는 페이스북 그룹입니다. 미술지식인은 14만 명의 그룹 멤버를 보유하고 있으며, 미술작가들의 작품이 매일 소개되고 있습니다. 페이스북 페이지보다 그룹에서 더 많은 반응이 일어나고 있습니다. 미술인이라는 공통된 관심사를 통해, 다른 미술인들의 작품들을 보며 함께 평가하고, 공감대를 형성해 나가는 커뮤니티로 운영되고 있습니다. 더군다나 가장 좋은 시너지로는 해당 그룹의 콘텐츠를 스스로, 화방넷의 페이스북 페이지 콘텐츠들이 큐레이션되어 발행되고 있다는 것입니다.

전문가, CEO, 남성, 지식인 등의 사용자층을 주요 고객으로 하며 커뮤니티 운영과 함께 비즈니스 채널 운영을 원한다면, 페이스북을 전략 채널로 추천합니다.

★ 나의 NO.1 SNS 전략 채널 선정하기

지금까지 내용을 토대로, 여러분의 전략 채널을 어떤 채널로 선정할지 마음을 정하였나요? 가장 먼저 공략할 채널 하나를 정해야 합니다. 여러분이 SNS를 운영하는 목적과 여러분의 성향에 따라서 전략 채널을 선택

해야 합니다. 간략하게 정리된 표를 보고 여러분이 정한 목표와 자신의 성향을 잘 판단하셔서 가장 먼저 공략할 전략 채널을 하나 정하시기 바랍니다.

채널의 운영 목적과 성향에 따라 어떤 채널을 선택하는 게 좋을지 간단하게 알려드리겠습니다.

명확한 고객이 나를 찾아오길 원하고, 글쓰기를 좋아하고 전문성을 입증하는 콘텐츠 생산과 나의 브랜딩의 모든 과정을 기록하고자 한다면 블로그를 전략 채널로 추천합니다.

나를 선택하는 요인에 비주얼적인 면이 강하고, 사진과 짧은 영상 찍는 것을 좋아하거나 매력적인 일상을 공유하고자 한다면 인스타그램을 전략 채널로 추천합니다.

비즈니스 인맥을 맺는 것이 중요하며, 사람들을 설득하는 글을 잘 쓸 경우, 남성이나 전문가, CEO 등이 주된 고객인 경우, 광고를 통해 노출을 높이고자 한다면 페이스북을 전략 채널로 추천합니다.

그리고 대중을 상대로 영향력을 높이고 싶다면, 얼굴을 보이며 말하는 데 거부감이 없고 자신이 연예인 성향이 있다면, 영향력을 높이는 데 효과적인 유튜브를 전략 채널로 추천합니다.

예를 들어 '나는 블로그를 최우선 전략 채널로 정해서 6개월 동안 여기 집중해서 채널을 활성화하고 브랜딩의 성과를 올리겠어!'라고 정하고 6개월 동안 집중해서 목표를 달성하기 위해 블로그를 운영해 보세요. 그러고 나서 두 번째 전략 채널인 인스타그램을 6개월간 집중하여 운영합니다. 이렇게 전략 채널의 우선순위를 정해서 하나씩 활성화해 나가기를 추천합니다.

정리해보자면, 먼저 SNS를 운영하는 목적을 분명히 한 후 자신의 성향, 나의 타깃이 누구인지, 채널별 특징에 따라서 나에게 맞는 최우선 순위의 채널을 한 개 선택합니다. **그리고 그 한 개의 채널에 나는 어떤 사람인지, 내가 왜 이 일을 하는지, 어떤 사람을 어떻게 도울 수 있는지, 그 노력의 과정을 기록하고 소통을 합니다.**

그렇게 명확한 목적을 가지고 타깃에게 도움이 되는 콘텐츠를 지속적으로 발행하면 여러분을 좋아하는 팬들이 만들어집니다. 그리고 여러분이 그들을 도울 수 있는 사람으로 인식되도록 관련 콘텐츠를 지속 발행하며 소통합니다.

SNS상에 나의 이야기를 시작하기 전, 나에게 딱 맞는 전략 채널의 선정, 선택과 집중으로 내가 원하는 결과에 보다 빨리 도착하는 경험을 해 보시기 바랍니다. 다음 장에서는 전략 채널로 선정한 SNS 채널별 핵심 운영 노하우를 알아보겠습니다.

고객이 알아서 찾아오는
상위노출 블로그 만드는 법

고객이 알아서 찾아오는 블로그를 만들기 위해서는 탄탄한 기획이 필요합니다. 기획이 잘된 블로그는 사람들이 블로그에 방문하자마자 '이 블로그는 무슨 주제의 블로그지?'라는 질문에 답이 바로 나옵니다. 블로그 채널의 효과적인 브랜딩을 위한 블로그 브랜딩 셋업 노하우를 알려드리겠습니다.

★ 블로그 브랜딩 셋업 노하우

1. 이 블로그는 뭐 하는 블로그지?

블로그에 유입되자마자 사람들이 블로그의 주인장과 블로그의 주제를 파악하기 위해서는, 다음과 같은 요소들을 살펴보게 됩니다.

- 블로그 제목(블로그명)
- 블로그 별명
- 블로그 프로필
- 블로그 스킨 디자인(PC 버전, Mobile 버전)

블로그 제목	공감마케터 최은희의 SNS 브랜드 마케팅
블로그 별명	공감마케터
블로그 프로필 이미지	
블로그 소개글	20년 차 마케터 최은희 『여성 소셜 마케팅으로 시작하라』, 『결과로 말하는 고수들의 실전 SNS』의 저자, 1인 기업 및 스타트업 브랜드 마케팅 교육 〈세나시 브랜딩 스쿨〉 운영자, 온라인 마케팅 강의 및 컨설팅 문의 _^+~_ goyha.choi@gmail.com
블로그 스킨 디자인	

바로 블로그의 콘셉트를 결정하는 블로그 제목, 블로그 별명, 블로그 주인장 프로필과 블로그 스킨 디자인입니다.

(1) 블로그 제목은 네이버 검색 엔진에서 여러분의 블로그가 검색 결과로 나오는 데 상당히 중요한 요소입니다. 블로그 제목에 포함된 키워드의 검색 결과로 여러분의 블로그가 노출될 수 있기 때문입니다. 그래서 블로그 제목은 다음과 같은 공식을 활용하는 것이 좋습니다.

〈블로그 제목 공식〉

"(블로그 닉네임)의 (블로그의 주제 키워드) 이야기"

예를 들어 저의 블로그 제목은 '공감마케터의 SNS 브랜드 마케팅 이야기'입니다. 그래서 '공감마케터'나 'SNS 마케팅'의 검색 결과에서 제 블로그 노출을 의도하게 됩니다.

(2) 블로그 별명은 블로그의 주인장이 누구인지를 나타내는 네이밍입니다. 브랜드 콘셉트가 있다면 콘셉트를, 그게 아니라면 자신의 이름 또는 오랫동안 써 온 닉네임을 사용합니다.

블로그 브랜딩에 있어서 가장 중요한 것은 신뢰성입니다. **(3) 블로그 프로필 이미지**에 자신의 사진을 당당하게 넣은 사람과 그렇지 않은 사람 중에 여러분은 어떤 사람의 블로그를 더 신뢰할 수 있을까요? 프로필 이미지와 함께 분명한 **(4) 블로그 소개글**이 있다면, 여기까지만 읽어도 블로그 주인장에 대한 판단은 이미 끝났다고 볼 수 있습니다.

(5) 블로그 스킨 디자인의 경우, 화려하고 유려한 디자인일 필요는 없습니다. 물론 비용을 들여 홈페이지형 블로그를 디자인해 적용하면 좋지만, 그게 아니라면 여러분의 블로그 제목과 콘셉트를 명확하게 표현할 수 있는 분명한 이미지를 활용하는 것이 좋습니다.

이 블로그의 경우, 정리법이라는 주제의 블로그로 화려한 디자인보다는 주제를 분명하게 나타낼 수 있는 수납용 필통을 이미지로 활용하였습니다. 이처럼 보자마자 한눈에 정리법이라는 주제가 연상될 수 있도록, 디자인이 주제를 지원해 줄 수 있으면 됩니다.

블로그의 콘셉트를 나타낼 수 있는 기획 요소들은 '블로그 관리 메뉴 → 기본 정보 관리 → 블로그 정보 메뉴'에서 각 항목들을 수정할 수 있습니다.

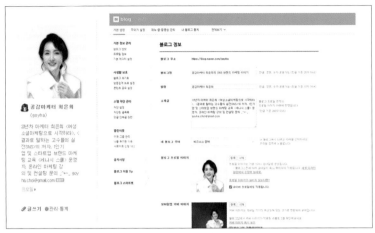

블로그 정보 메뉴

2. 이 블로그는 어떤 콘텐츠를 담고 있지?

블로그에 들어오자마자 뭐 하는 블로그인지 알게 되었다면, 이제 다음으로 기대되는 것이 어떤 콘텐츠를 담고 있는지에 대한 부분입니다. 블로그 콘텐츠 또한 콘셉트와 관련된 주제로 잡는 것이 좋습니다.

'공감마케터의 SNS 브랜드 마케팅 이야기'라는 블로그의 핵심 콘텐츠 주제는 '공마와 마케팅 공부'입니다. 공마와 마케팅 공부라는 대분류 카테고리 아래에 있는 블로그, 인스타그램, 유튜브, 브랜드 마케팅, 창업 마케팅 등의 세부 카테고리가 블로그의 핵심 콘텐츠에 해당됩니다.

이렇게 자신의 브랜드 콘셉트에 걸맞게 블로그의 핵심 콘텐츠 주제를 선정하는 것이 중요합니다. 왜냐하면 핵심 주제의 콘텐츠를 일관적이고 지속적으로 발행한다면, 해당 분야의 전문 블로그로 인식이 증대되기 때문입니다.

카테고리는 대분류 카테고리 아래 소분류 카테고리 형태로 그룹을 만들어 운영하는 것이 좋습니다. 블로그 카테고리를 체계적으로 분류하여 운영하면, 방문자들이 콘텐츠를 편리하게 찾는 데 도움이 됩니다.

우리는 블로그 카테고리를 통해 블로그 콘텐츠 개요를 확인할 수 있습니다. 블로그 초기 운영자에게는 3개의 대분류 카테고리를 추천합니다.

카테고리 종류	대분류 카테고리	소분류 카테고리
홍보성 콘텐츠	공감마케터 최은희	최은희 프로필 / 최은희 스토리 / 최은희 인터뷰 / 최은희 출간 책
홍보성 콘텐츠	세나시 브랜딩 스쿨	퍼스널 브랜딩 과정 / 특강프로젝트 안내 / 강의프로젝트 후기
정보성 콘텐츠	공마와 마케팅 공부	브랜드 마케팅 / 창업 마케팅 / 블로그 마케팅 / 인스타그램 마케팅 / 유튜브 마케팅 / 메타버스 마케팅
일상형 콘텐츠	그녀의 일상	포토 에세이 / 워킹맘 일상 / 논문 쓰는 마케터

전체 카테고리는 홍보성, 정보성, 일상형으로 구분하여 균형감 있게 설정하고 대분류, 소분류 카테고리를 선정하는 것을 추천합니다. 홍보성 카테고리에는 자신과 자신의 비즈니스를 홍보하는 콘텐츠를, 정보성 카테고리에는 검색 유입자들에게 유용한 정보과 칼럼을, 마지막 일상형 카테고리에는 자신의 일상과 생활 속 이야기를 콘텐츠로 발행하면 좋습니다.

블로그 카테고리 설정은 '관리 메뉴 → 메뉴, 글 동영상 관리 → 메뉴 관리 → 블로그 메뉴'에서 추가하거나 수정할 수 있습니다.

★ 블로그 운영 핵심 노하우 3가지

1. 내 블로그에 맞는 전략 키워드 선정하기

블로그는 검색 기반의 채널입니다. 상위 노출이 되어야 유입이 일어날 수가 있습니다. 그런데 상위 노출을 위해서 가장 중요한 게 키워드 선정입니다. 콘텐츠를 발행할 때 키워드 선정을 잘하려면 가장 먼저 알아야 되는 건 내 블로그의 현재 위치와 상황입니다.

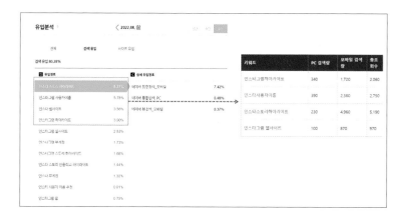

실제 예시를 통해 함께 살펴보겠습니다. 제 블로그에 상위 노출되는 유효키워드를 블로그 통계를 통해 확인해 보았습니다. 1위에서 4위까지 상위 노출되는 키워드들의 월간 검색량을 살펴보면 대략 월간 검색 총 조회 수가 1,000에서 5,000 정도입니다. 제 블로그는 마케팅 콘텐츠를 지속적으로 발행해 와서, 마케팅 관련 키워드에 최적화되어 있는 것을 확인할 수 있습니다. 이렇게 블로그가 상위 노출되고 있는 키워드의 현황을 체크한 후, 앞으로 저는 월간 검색량 1,000에서 5,000 사이에 해당되는 키워드를 공략해야겠다는 계획을 세울 수 있습니다.

이처럼 여러분도 블로그의 현황에 맞는 월간 검색량을 가진 키워드를 전략 키워드로 선정하시길 바랍니다. 내 블로그가 지금 어떤 키워드로 상위 노출이 되고 있는지, 상위 노출이 되는 키워드는 월간 검색량이 어느 정도의 레벨에 해당하는지를 반드시 알고 있어야 어떤 키워드 레벨이 나와 맞는지도 알 수 있게 됩니다.

2. 중간 제목을 사용하여, 방문자가 찾는 핵심 내용 전달하기

전략 키워드를 통해 블로그에 유입이 일어났다면, 그다음에는 콘텐츠를 통해 사람들의 반응을 일으켜야 합니다. 검색을 통해서 유입된 잠재고객들이 콘텐츠에 반응하게 만들려면 글을 어떻게 쓰느냐가 중요합니다. 대부분의 사람들은 블로그 글을 처음부터 끝까지 정독해서 읽지 않습니다.

그래서 블로그 글을 쓸 때 항상 두괄식으로 쓰는 습관을 들이면 좋습니다. 글의 서두에 여러분이 이야기하고자 하는 핵심 내용, 그리고 잠재고객들이 관심을 가질 내용들을 노출시켜야 사람들은 끝까지 보게 됩니다. 또한 장황하게 쓰기보다는 중간 제목들과 사진, 그리고 여백들을 간간이 넣어서 가독성 높게 글을 써야 합니다. 사람들은 블로그 글이 자신

이 원하는 정보를 가지고 있는지 몇 초 이내 판단한 후 더 읽을지 말지를
결정합니다.

3. 마케팅 전환 행동 분명하게 제시하기

사람들이 가장 많이 놓치는 부분이 바로 좋은 콘텐츠는 발행했는데 본
인이 원하는 전환 행동을 제시하지 않는 것입니다. 블로그를 운영할 때
는 분명한 목적이 있습니다. 따라서 목적과 관련된 마케팅 전환 행동을
블로그 안에서 분명하게 제시해야 합니다.

이미지를 보면 왼쪽은 도서 리뷰 포스팅으로 해당 도서 리뷰를 읽은
후에 함께 보면 좋은 다른 책의 도서 리뷰 포스팅을 링크로 소개해 두었
습니다. 이는 제 블로그 방문자들의 체류 시간을 늘리려는 의도입니다.
오른쪽 포스팅은 인스타그램 마케팅 정보성 콘텐츠를 발행한 것이며 하

단에 제가 운영하는 카카오 오픈 톡방이나 인스타그램 오디오 클럽 링크를 통해 커뮤니티 유입과 오디오 채널의 유입을 이끌었습니다.

이렇게 콘텐츠 맨 하단에 여러분이 원하는 전환 행동을 넣습니다. 이런 식으로 다음 액션을 제시해 주어야, 사람들은 이탈하지 않고 안내된 대로 행동하게 됩니다.

★ 블로그 브랜딩 리모델링 사례

블로그 사례 #01

암예방 식습관 가이드
권기면과 함께하는 건강 이야기

Before

세나시 브랜딩 스쿨의 '1인 기업 퍼스널 브랜딩 8기' 권기면 대표님의 사례를 살펴보겠습니다. 위 이미지는 수강 전의 블로그 모습입니다. 블

로그 닉네임은 '이로미안 해피권'으로 이로미안이 무엇인지 일반인들은
잘 알 수가 없습니다. 블로그 제목도 '매일매일 해피권'으로, 블로그가 어
떤 주제를 다루는지 나타나지 않았습니다. 이 화면으로만 보면 매일매일
의 일상을 올리는 일상 블로거처럼 보입니다.

  권 대표님은 이롬 생식을 판매하는 건강 비즈니스를 하고 있습니다.
그녀가 블로그, SNS를 운영하는 이유는 단순한 일상을 기록하기 위해서
가 아니라, 나라는 사람과 나의 비즈니스에 대해 알리기 위해서입니다.
채널에 들어오자마자, 이 블로그가 뭘 하는 블로그인지 단숨에 알 수 있
는 것이 필요합니다. 콘셉트, 스킨 디자인, 콘텐츠 등의 리모델링이 필요
합니다.

After

  '1인 기업 퍼스널 브랜딩' 과정을 통해 블로그 리모델링을 진행했습니
다. 세상에 나를 알릴 하나의 단어, 권기면 대표님의 브랜드 콘셉트는 '암

예방 식습관 가이드'입니다. 그녀의 삶을 함께 들여다보았을 때, 그녀에게는 특별한 경험이 있었습니다. 갑작스러운 난소암 소식에 삶이 멈췄습니다. 이후 난소암을 이겨내기 위해 노력하며, 평상시 먹는 것이 무엇보다 중요하다는 것을 깨닫게 되었습니다. 암 투병 중에 먹는 게 쉽지 않아 생식을 먹으며 난소암을 이겨냈습니다. 그녀가 이 세상에 존재하는 이유, 지금 이 일을 하는 이유에 확실한 사명을 발견하게 됩니다. 바쁜 현대인들이 자신의 건강과 먹는 것을 잘 챙기지 못하는 현실 속에서 권 대표님은 자신과 같은 일이 일어나지 않도록 암을 미리 예방할 수 있도록 먹는 습관에 도움을 드리고자 하였습니다. 그래서 그녀의 헌신을 담은 '암 예방 식습관 가이드'로 브랜드 콘셉트를 도출하였고, 전 채널을 콘셉트에 맞게 리모델링을 했습니다.

블로그 닉네임, 소개글, 제목, 카테고리명 그리고 블로그 스킨과 프로필 이미지까지 블로그의 콘셉트를 잘 드러내도록 변경하였고, 이제 누가 오든 단번에 건강 전문가이며 건강 비즈니스를 한다는 것을 알 수 있도록 하였습니다. 권 대표님을 통해 암을 예방할 수 있는 식습관을 얻을 기대감에 이왕 생식을 먹는다면 그녀에게 주문하고 싶다는 생각이 듭니다. 블로그를 통해 자신의 브랜드를 알리기 시작하면서, 권 대표님에게 잡지사의 촬영 의뢰가 왔습니다. 건강식 레시피 관련 촬영을 하며 잡지에 기사를 연재하게 되었고, 건강 관련 강의도 시작하면서 신나게 자신의 일을 하고 있습니다.

브랜딩은 이처럼 강력합니다. 여러분이 품은 뜻을 보다 뚜렷하게 나타내야 합니다. 여러분이 지금 운영하고 있는 블로그가 있다면, 객관적인 시선으로 바라보고 물어보길 바랍니다. "이 블로그의 주제는? 이 블로그의 주인장은 어떤 사람일까?"라고요.

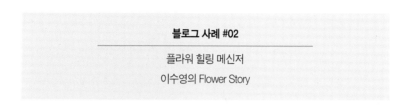

Before

제주도 늘푸른 꽃방을 운영하시는 이수영 대표님의 사례입니다. 그녀는 제주도 서귀포에서 작은 꽃집을 운영하고 있습니다. 20년 넘게 플라워샵을 운영하였는데, 정말 예쁜 꽃들이 많은 곳입니다. 가까운 곳에 있었다면 매일 이곳에서 꽃 선물을 하고 싶을 정도였습니다. 하지만 블로그에서는 꽃집의 이미지보다는 센터의 이미지가 강하고, 블로그 주인장의 존재는 없이 '힐링원예치료센터 늘푸른 지부'라는 타이틀만 기억에 남았습니다.

After

제주도에 있는 수많은 꽃집을 운영하는 사람들과 다른 그녀의 차별화 요소를 찾기 위해 그녀를 인터뷰해보았습니다. 여자이고, 엄마이고, 아내였기에 포기했던 꿈을 지닌 채 평범한 전업주부의 삶을 살다 자신의 의지로 처음 꽃집을 창업하게 되었습니다. 꽃과 식물과 함께 있을 때의 편안함, 녹색이 주는 안정감을 느끼며 사람들에게 꽃을 선물하는 기쁨을 느끼게 되었습니다. 꽃다발, 꽃바구니, 웨딩부케, 화환 등 그녀가 만든 꽃들이 많은 사람들에게 힐링의 가치를 제공하였습니다. 플라워 힐링 메신저 이수영 대표님은 꽃과 원예에 대한 사랑으로 꽃집 운영뿐 아니라 이제는 원예 강사로 사람들에게 꽃의 가치를 전하는 꽃 선생이 되어 강의도 함께하고 있습니다.

블로그에는 특히 시즌별 꽃 선물 제안 카테고리가 있습니다. 입학식, 졸업식, 발렌타인, 화이트데이, 어버이날, 스승의 날 등 일 년 중 꽃 선물을 많이 하는 시즌에 꽃을 선물하고자 하는 사람들에게 유용한 정보와 함께 예쁜 꽃을 제공합니다.

1,000명의 진성 팔로워를 만드는 인스타그램 운영 노하우

인스타그램 브랜딩을 하기 위해 가장 핵심이 되는 요소를 사용자 동선에 따라 먼저 살펴보겠습니다. 여러분이 인스타그램을 통해 사람들과 연결되기 위해서 어떤 부분이 가장 중요할까요? 이미 팔로워가 된 분들뿐 아니라 팔로워 관계가 아닌 분들도 여러분을 가장 처음 만날 수 있는 영역은 '콘텐츠'입니다.

자신의 홈탭에 인스타그램 알고리즘이 배달해 온 콘텐츠가 노출되는데, 여러분이 발행한 콘텐츠가 상대방의 손가락을 멈추게 하고 '더 보기'를 클릭하게 한다면 성공입니다!

콘텐츠가 마음에 들고 관심이 생기면 다음 하는 행동은 여러분의 프로필 이미지를 클릭해서 '프로필' 페이지에 도착하게 됩니다. 이것이 가장 보편적인 인스타그램 유저들의 행동 순서입니다. 다음으로 인스타그램 프로필을 통한 브랜딩 셋업에 대해 자세히 알려드리겠습니다.

★ 인스타그램 브랜딩 셋업 노하우

여러분을 팔로잉 하는 사람들은 어디서 여러분의 계정을 팔로잉 할까요? 바로 여러분의 인스타그램 '프로필'입니다. 프로필이 어떤 내용으로 어떤 콘텐츠 피드로 구성되어 있는지를 살펴보고, 팔로잉 할지를 결정하게 됩니다. 그렇다면 프로필의 상단 정보 영역을 담당하는 요소를 함께 살펴보겠습니다.

인스타그램 브랜딩의 꽃, '프로필' 편집하기

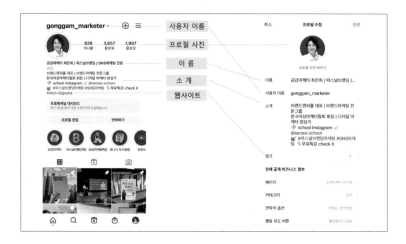

인스타그램을 열고, 우측 하단의 프로필 아이콘을 누르면 프로필 페이지로 이동합니다. 프로필 페이지의 가운데쯤에 '프로필 편집'이라는 버튼이 있습니다. 이 버튼을 클릭하여 상단 내용을 수정할 수 있습니다.

사용자 이름	gonggam_marketer
프로필 사진	
이름	공감마케터 최은희 / 퍼스널브랜딩 / SNS마케팅 전문
소개	브랜드앤피플 대표 / 브랜드마케팅 전문그룹 한국여성마케터협회 회장 / 디지털마케터 양성가 ◆ school INSTAGRAM ☞ @senasi.school ♣ 퍼스널브랜딩, SNS마케팅 특강 알아보기 ✎ check it now
웹사이트	https://litt.ly/gonggam_marketer

제 프로필 항목들을 함께 살펴보겠습니다.

(1) 사용자 이름은 인스타그램 곳곳에서 여러분을 대표하는 단어입니다. 영문으로만 들어갈 수 있기 때문에, 여러분을 연상할 수 있는 영문 단어를 사용하는 게 좋습니다. 제 경우 브랜드 네이밍인 '공감마케터'를 바로 연상할 수 있도록 gonggam_marketer를 사용했습니다. 직업이나 업종을 나타나는 키워드를 사용하거나, 이름이 특이하다면 이름을 사용하는 방법도 추천합니다. 예를 들어 광고 분야에 종사하고 있다면 @ad_kildong, 이름이 특이하다면 서말임 @seo_malim처럼 말입니다.

(2) 프로필 사진의 경우, 많은 사람들의 프로필 사이에서 유독 눈에 띄는 것이 중요합니다. 그러므로 프로필의 배경 컬러를 파스텔 톤보다는 조금 강렬한 컬러를 선택하는 것이 좋습니다.

(3) 이름은 정말로 이름만 적기보다는 여러분의 브랜드 콘셉트를 이름과 함께 적는 것을 추천합니다. 아직 마땅한 브랜드 콘셉트를 만들지 못했다면, 가벼운 닉네임 형태로 먼저 적고 이름을 적는 것을 추천합니다. 브랜드 콘셉트와 이름을 함께 적었다면 그 뒤에 어떤 단어를 추가하면 좋을까요? '인스타그램 검색 창에서 어떤 단어로 검색되었을 때 여러분의 계정이 보였으면 하는가?'의 답에 해당하는 단어를 추가하는 것을 추천합니다. 저는 사람들이 'SNS 마케팅', '퍼스널 브랜딩'으로 검색했을 때 제 계정이 노출되었으면 하는 바람이 있어서 해당 키워드를 이름에 추가하였습니다.

(4) 소개글은 여러분을 표현할 수 있는 3~4줄의 문장을 담습니다. 소개

글은 여러분을 신뢰할 수 있는 '소속'이나 '성과'를 담거나, 여러분이 하는 일을 나타내는 '전문 분야' 또는 원하는 '전략 해시태그'를 넣어서 작성하는 것이 좋습니다.

예시 1

브랜드앤피플 대표 / SNS 마케팅 강사 컨설턴트
#퍼스널 브랜딩에서 #창업 마케팅까지
- 탈잉 〈SNS 퍼스널 브랜딩의 비밀〉 강의
- SNS 마케팅 및 퍼스널 브랜딩 무료 강의는 check it now

예시 2

브랜드앤피플 대표 / 브랜드 마케팅 전문그룹
한국여성마케터협회 회장 / 디지털마케터 양성가
◆school INSTAGRAM ☞ @senasi.school
♣ 퍼스널브랜딩, SNS마케팅 특강 알아보기 ✏ check it now

---

(5) 웹사이트 영역은 인스타그램에서 링크가 걸릴 수 있는 영역입니다. 예전에는 대표 채널 1개의 링크를 넣었다면, 요즘은 링크온(linkon)이나 미리캔버스를 활용해 여러 가지 링크를 한 화면에서 보여줄 수도 있습니다.

예시 1 링크온을 활용한 인스타그램 웹사이트 만들기

링크온 사이트 https://www.linkon.id/

예시 2 미리캔버스를 활용한 인스타그램 웹사이트 만들기

미리캔버스 사이트 https://www.miricanvas.com/

이제 인스타그램 프로필 화면에서 '프로필 편집' 버튼을 클릭하고, 앞선 내용을 참고해서 여러분의 프로필을 변경해보시길 바랍니다.

★ 인스타그램 운영 핵심 노하우 4가지

첫 번째, 타깃의 페르소나를 설정합니다.

인스타그램은 팔로우 기반 채널입니다. 그 말은 어떤 사람과 팔로우 관계에 있는지가 중요하다는 뜻입니다. 그런데 만약에 여러분이 팔로워를 산다거나, #선팔맞팔 같은 해시태그를 활용해 팔로잉을 많이 할 경우, 여러분의 관심사와 관련 없는 사람들과 관계를 맺게 됩니다.

타깃 페르소나

(ex) 30대 남성 중 탈모가 있는 사람
2030 커리어 우먼
퇴사를 준비하는 3040 성인들

그렇기 때문에 인스타그램을 운영할 때는 인스타그램을 통해 어떤 사람들과 연결되고 싶은지 분명하게 하는 것이 중요합니다. 예를 들어 탈모샵을 운영하는 사장님의 경우, 인스타그램의 타깃 페르소나는 '30대 남성 중 탈모가 있는 사람'입니다. 또한 출근룩 여성 의류 쇼핑몰 운영자라면 '2030 커리어 우먼'을 타깃 페르소나로 정할 수 있습니다.

이처럼 '내가 인스타그램을 운영하는 이유가 뭐지?'를 항상 생각해야 합니다. 또한 나의 비즈니스와 관련해 잠재고객과 연결되고 싶다면 콘텐츠를 발행할 때도, 새로운 인친을 찾아 나설 때도 나의 타깃 페르소나를 명확하게 인지해야 합니다.

두 번째, 0.4초라는 시간 안에 손가락을 멈추게 만드는 첫 사진, 영상을 만듭니다.

인스타그램의 홈을 보면 관계도를 계산해서 여러분에게 팔로워들의 콘텐츠 또는 팔로워가 아닌 사람들의 콘텐츠가 배달이 됩니다. 해당 콘텐츠를 여러분은 어떻게 볼까요? 바로 손가락을 쓱쓱 올려가며 봅니다. 이 쓱쓱 올리는 시간이 0.4초에 해당합니다. 사람들이 그냥 쓱쓱 올리다가 그들의 엄지손가락으로 멈추게 할 수 있는 사진이나 영상이 필요한 거죠. 여러 개의 사진을 올린다면 그중 첫 번째 사진, 영상의 썸네일은 어떤 것을 쓸 것인지가 상당히 중요한 부분입니다. 평상시 구도가 잘 잡힌 사진과 영상들을 보며, 지속적으로 스마트폰을 활용해 찍어보는 연습을 하는 것이 중요합니다.

스마트폰을 활용해 사진과 영상 잘 찍는 방법을 간단하게 알려드리면,

일단 촬영 전 카메라 렌즈를 닦아주세요. 그리고 수평을 유지하세요. 숨을 잠시 멈추고 사진과 영상을 찍으면 카메라의 흔들림이 최소화 됩니다. 촬영 각도와 구도를 바꿔가며 다양한 컷으로 사진을 찍어봅니다. 조명의 경우 최대한 햇볕이 많이 드는 곳에 가서 찍는 것을 추천합니다.

세 번째, 타깃 팔로워의 유입을 이끄는 해시태그를 선정합니다.

타깃 니즈	타깃 유입 해시태그
마케팅 강사	#마케팅강사#마케팅컨설턴트#sns마케팅강사#인스타그램강사 #sns마케팅전문가#블로그강사 등
마케팅 교육	#sns마케팅교육#온라인마케팅교육#인스타그램강의#블로그강의 등
브랜드 마케팅	#브랜드마케팅#퍼스널브랜딩#퍼스널브랜드#브랜드콘셉트 등

대부분의 사람들이 콘텐츠를 올리는 데만 급급해서 해시태그는 그냥 막 넣는 경우가 많습니다. 그런데 여러분의 타깃 페르소나를 설정했다면 '나의 타깃들은 인스타그램에서 어떤 해시태그로 검색을 할까?'라는 질문에 답을 해보세요. 그들이 주로 사용할 만한 해시태그를 찾아서 리스트업 해 보는 것이 중요합니다. 그렇게 만들어진 여러분의 전략 해시태그 리스트를 활용해 콘텐츠를 발행할 때마다 전략 해시태그를 사용해 보세요. 여러분의 타깃들이 해시태그를 통해 여러분을 지속적으로 찾아오게 만들어야 합니다.

네 번째, 인스타그램 콘텐츠 발행과 소통으로 계정 활성화도를 높여야 합니다.

콘텐츠가 많은 사람들에게 노출되려면 여러분의 계정이 활성화되어 있어야 합니다. 계정이 활성화되었다는 것은 콘텐츠 발행 빈도가 많다는 뜻입니다. 피드에 있는 게시물 콘텐츠뿐만 아니라 스토리 콘텐츠를 통해서도 '이 계정은 지속적으로 콘텐츠를 발행하고 있구나.'라고 인스타그램 알고리즘이 느끼게 해야 합니다.

또 중요한 것은 콘텐츠가 발행되자마자 여러분 콘텐츠의 반응률을 높여야 합니다. 많은 사람들이 콘텐츠를 발행하고 다른 일을 합니다. 하지만 반응률을 높이려면 콘텐츠를 올리자마자 여러분의 팔로워들을 찾아가서 좋아요를 누르고 댓글도 남기는 것이 좋습니다. 콘텐츠를 올렸으니까 와서 빨리 반응하라고 알려 줘야 합니다. 그걸 잘해야 인스타그램 알고리즘이 '아 이 콘텐츠는 사람들이 반응하는 콘텐츠구나. 더 많이 보여 줘야지'라고 인식하여 알고리즘을 통해 노출이 증대될 수 있습니다.

★ 인스타그램 브랜딩 리모델링 사례

인스타그램 사례 #01

하프타임 디렉터
송철우 님의 인스타그램 계정

Before

송철우 대표님은 오랜 직장생활을 한 후 독립하여 현재는 기업 대상으로 강의, 코칭, 컨설팅을 하고 있습니다. '1인 기업 퍼스널 브랜딩 과정' 전에 인스타그램 채널을 보면, 이름 석 자에 블로그 링크 정도의 프로필 소개글로, 뭘 하는 분인지 잘 드러나 있지 않았습니다.

After

송철우 대표님은 적성에 맞지 않았던 직장생활을 그만두고 컨설팅 회사로 이직한 후, 자신에게 맞는 일을 찾게 되셨습니다. 오랜 시간 자신에게 맞지 않은 일을 돈만을 위해 해 온 것을 깨닫게 되었습니다.

그 경험을 통해 사람들이 인생 후반전이라도 자신이 원하는 일을 찾아, 자신 있게 그 일을 시작하는 데 도움을 주는 일에 관심을 갖게 되었습니다. 인생 후반전을 준비하는 분들에게 새로운 인생 전략을 수립해주는 감독과 같은 역할을요. 운동경기에는 전반전과 후반전 사이에 하프타임이 있는데, 후반전을 뛰기 위해 감독과 작전을 짜는 타임입니다. 송철우 대표님의 콘셉트를 '하프타임 디렉터'로 정립해드리고, 채널 리모델링을 진행했습니다.

리모델링 전에는 이름 석 자 '송철우'였다면, 지금은 채널 이름을 '하프타임 디렉터 송철우 | 은퇴 설계 | 멘탈 코칭'으로 변경하여, 비즈니스의 영역을 명확하게 드러내도록 했습니다. 소개글에도 사람들이 신뢰할 수 있는 대표님의 이력과 역할을 소개하고, 인스타그램을 통해 사람들에게 보여주고 싶은 콘텐츠를 하이라이트 아이콘 디자인과 함께 메뉴화하여 셋업하도록 컨설팅했습니다. before 채널과는 180도 달라진 명확한 콘셉트와 주제의 비즈니스로, 인스타그램 채널을 브랜딩 리모델링하게 되었습니다. 이제는 고객을 만나고, 강의와 컨설팅을 하는 모든 일상들을 담으며, 유튜브 채널 확장을 계획하고 있습니다.

인스타그램 사례 #02

컬러핏 뷰티멘토
김진선 님의 인스타그램 계정

Before

김진선 대표님은 제주도에서 메이크업, 퍼스널컬러 강의 및 컨설팅 서비스를 제공하고 있습니다. 기존에는 인스타그램 이름으로 자신의 이름

'김진선'을 사용하셨고, 다양한 일상들을 소개하며 직업적인 색이 뚜렷하게 나타나지 못했습니다.

After

퍼스널 브랜딩 8기 수강 이후에 김진선 대표님은 자신에게 딱 맞는 퍼스널컬러를 활용한 메이크업 서비스를 진행하는 '컬러핏 뷰티멘토'로 정체성을 정립하게 되었습니다. 이름 안에 검색될 법한 키워드인 '제주퍼스널컬러', '제주메이크업'을 넣어 이름을 변경하였습니다. 퍼스널 브랜딩 콘셉트 도출로 상호명도 '뽀-팔레뜨'에서 '컬러핏'으로, 퍼스널 브랜딩 콘셉트와 연관하여 변경하기로 결정했습니다.

소개글도 단편적으로 서비스를 '제주 메이크업 1:1 또는 퍼스널 컬러'로 단어 나열을 하는 것보다, 자신이 하는 일을 한 문장으로 간단하게 소개하도록 변경했습니다. 바로 '퍼스널 컬러에 따른 메이크업 및 스타일

을 찾아드립니다.' 이 하나의 문장으로 사업의 분명한 차별점을 표현하게 됩니다.

강의 및 컨설팅 소개와 함께 하이라이트 아이콘을 통해, 김진선 대표가 어떤 사람인지 궁금한 사람은 '컬러핏뷰티멘토', 강의 및 컨설팅이 궁금한 사람은 '메이크업, 퍼스널컬러, 리뷰모음'이라는 하이라이트를 통해 언제든지 확인할 수 있게 세팅하였습니다.

전체 채널의 브랜드 컬러를 통일하며, 어떤 마음으로 어떤 서비스로 사람들을 도와줄 수 있는지 인스타그램 프로필 소개에 분명하게 표현하였습니다. 이렇게 프로필 영역만 바뀌었을 뿐인데 결과는 놀라웠습니다. 인스타그램에 퍼스널 브랜딩 콘셉트를 도입해 리뉴얼하고 얼마 지나지 않아, 인스타그램을 통해 19건의 신규 컨설팅 요청이 들어왔습니다. 사람들에게 얼마나 분명히 자신을 알리는지에 따라, 사람들의 선택도 쉽고 빨라짐을 경험하게 됩니다.

단 30개의 영상만으로 1만 구독자를 만든 유튜브 운영 노하우

세계 최고의 동영상 채널이자 가장 강력한 SNS 채널로 유튜브를 꼽을 수 있습니다. 유튜브 채널을 활용한 브랜딩을 위해 중요한 부분을 살펴보겠습니다. 유튜브를 처음 개설하는 분이나, 현재 운영을 하고 있지만 콘셉트가 모호해 고민이신 분들이라면 이 부분을 꼭 적용해 보시기 바랍니다.

★ 유튜브 브랜딩 셋업 노하우

채널명	공감마케터 최은희TV
프로필 사진	
채널 주제	브랜드 마케팅, 창업 마케팅
채널 소개	사람들의 공감을 가장 중요하게 여기는 마케터 '나'라는 브랜드로 삶을 살아가고 싶은 사람들의 SNS 브랜드 마케팅을 돕습니다.
카테고리	교육
유튜브 운영 목표	5년 내 구독자 10만 명
시청자에게 주고 싶은 가치	이 세상 누구든 자신의 브랜드를 찾고, 온라인을 통해 세상에 자신의 이야기를 알려 나갈 수 있다.
배너 이미지	

브랜드의 콘셉트를 명확히 드러낼 유튜브 채널을 기획하기 위해 제 유튜브 채널 기획을 예로 들어 살펴보겠습니다.

(1) 채널명의 경우, 제 브랜드 콘셉트와 TV라는 단어를 합쳐 '공감마케터 TV'라는 채널명으로 정했습니다. 채널명은 기억하기 쉬워야 하며, 여러분의 브랜드를 잘 나타낼 수 있어야 합니다. 여러분을 나타내는 하나의 단어, 브랜드 콘셉트를 정의했다면 채널명으로 사용하기를 추천합니다. 또는 주제를 나타내는 키워드를 포함한 재치 있는 채널명을 지어 시작하는 것도 좋습니다.

(2) 프로필 사진은 영상과 함께 유튜브 모든 영역에 노출되므로, 자신

을 나타낼 수 있는 임팩트 있는 컬러를 프로필 사진의 배경 컬러로 사용하는 것이 좋습니다.

(3) **채널 주제**는 앞으로 해당 채널에 어떤 종류의 콘텐츠를 담을지를 나타냅니다. 저의 경우 퍼스널 브랜딩, 브랜드 마케팅, 창업 마케팅이라는 주제로 채널 주제를 정했습니다.

(4) **채널 소개**는 여러분의 채널에 관심을 갖게 된 사람들이 찾아보는 영역입니다. 채널을 한두 줄로 간단하고 명확하게 소개할 수 있는 글이면 됩니다.

(5) **카테고리**는 유튜브에서 영상을 업로드할 때 15개의 카테고리 중 하나를 선택할 수 있습니다. 내 채널의 정체성을 위해 내 채널을 대표하는 주요 카테고리는 미리 정해 두는 것이 좋습니다. 다음 15개 카테고리 중 자신의 주제에 가까운 카테고리를 정하면 되는데, 제 경우는 '교육' 카테고리를 선택했습니다.

여행/이벤트	게임	인물/블로그	교육	코미디
영화/애니메이션	자동차	음악	동물	스포츠
엔터테인먼트	뉴스/정치	노하우/스타일	과학 기술	비영리/사회운동

(6) **유튜브 운영 목표**는 명확한 목표 수치가 있어야 그 수치를 달성하기 위해 행동할 수 있습니다. 유튜브를 통해 내가 이루고자 하는 목표를 수치화하는 것은 중요합니다. 저는 5년 내 구독자 10만 명의 유튜브 채널 운영을 목표로 하였습니다.

(7) 시청자에게 주고 싶은 가치는 브랜딩에 있어서 중요합니다. 똑같은 마케팅 교육 유튜브 채널이라도 누가 운영하냐에 따라 그 안에 담은 가치가 다릅니다. 나의 영상을 시청하는 사람들, 바로 구독자들에게 나는 어떤 가치를 전달하고 싶어 영상을 만들어 유튜브에 올리는지, 유튜브를 하기로 마음먹었다면 이 질문에 꼭 답을 해 보아야 합니다. 제 경우 사람들에게 주고자 하는 가치는 '이 세상 누구든 자신의 브랜드를 찾고, 온라인을 통해 세상에 자신의 이야기를 알려 나갈 수 있다.'라는 메시지입니다. 평범한 사람들이 브랜드가 되는 세상이 가능함을 사람들에게 전하고 싶어서입니다.

(8) 채널 아트는 PC나 모바일 모두 해당 채널에 도착했을 때, 가장 눈에 띄는 영역입니다. 배너 이미지에는 자신의 채널명과 채널의 슬로건을 담는 것이 좋습니다. 제 경우, 채널의 타깃과 타깃의 니즈를 담은 문구와 함께 채널명으로 디자인을 하였습니다. 또한 컬러의 통일감도 중요합니다. 저는 유튜브 채널뿐 아니라 블로그, 인스타그램 채널에서도 나를 상징하는 메인 컬러인 '퍼플'을 모두 사용하고 있습니다.

이렇게 8가지 요소에 대한 기획을 한 후 채널에 적용한다면, 여러분의 유튜브 채널 콘셉트가 분명해질 것입니다.

★ 유튜브 운영 핵심 노하우 3가지

첫 번째, 반응을 이끄는 제목과 썸네일로 낚아야 합니다.

유튜브 앱을 열면 여러분에게 배달되는 다양한 영상들이 있습니다. 그 영상들 중 여러분은 어떤 것을 보고 클릭을 하시나요? 대부분 썸네일의 이미지 또는 제목을 보고 선택을 합니다. 그렇기 때문에 제목과 썸네일 안에 사람들의 궁금증을 유발하는 것을 넣거나 어떤 분명한 가치를 제시 하는 것이 중요합니다.

두 번째, 영상 초반에 끝까지 보고 싶게끔 기대감을 불러일으켜야 합니다.

사람들은 썸네일 클릭 후 영상을 보다가 초반에 나가버리는 경우가 많습니다. 특히 유튜브는 영상의 초기 이탈률이 높습니다. 그래서 여러분의 영상을 보는 사람들에게 영상 초반에 끝까지 봐야 하는 이유를 꼭 이야기해주어야 합니다. 안 그러면 중간에 집중력이 떨어져 이탈하게 됩니다.

세 번째, 타깃을 넓혀서 클릭률을 높여야 합니다.

유튜브 알고리즘을 탈 수 있는 비밀병기를 알려드립니다. 일반적으로 마케팅에서는 타깃을 분명하게 하고 좁히는 것을 중요하게 여깁니다. 다른 SNS 채널은 타깃을 명확하게 해서 그들을 겨냥하는 주제임을 나타내는 것이 중요하지만 유튜브에서는 다릅니다. 한마디로 타깃을 좁히지 말고 넓혀야 합니다.

예를 들어서 어떤 영업사원이 있는데, 콘텐츠를 만들 때 보통 제목을 '영업사원이 알아야 할 말하는 방법 3가지' 이렇게 만듭니다. 나의 타깃을 제목과 썸네일에서 영업사원으로 한정하게 되면, 영업사원이 아닌 사람은 콘텐츠를 보지 않게 됩니다. 그래서 내가 영업사원을 위한 콘텐츠를 만들었다 하더라도 제목과 썸네일 안에서는 타깃을 넓혀야 합니다. 제목을 '성공하는 사람들이 알아야 할 3가지 말하는 방법' 이렇게 한다면 어떨까요? 타깃이 넓어졌습니다. 그럼 더 많은 사람들이 반응할 수도 있겠죠? 그러면 유튜브 알고리즘이 판단하기에 반응이 있는 콘텐츠라고 여기게 됩니다. 그래서 제목과 썸네일에서 타깃을 좁히는 게 아니라 넓혀야 되는 것입니다.

★ 유튜브 브랜딩 리모델링 사례

유튜브 사례 #01

서민청약 가이드
강혜정의 내집마련 청약스쿨

Before

20년간 중소기업에서 워킹맘으로 열심히 일을 하며, 부동산 채널을 운영하고 있는 강혜정 님의 유튜브 채널 사례입니다. '오랜 직장생활에도 왜 나는 아직 서민일까?'라는 질문을 통해, 직장일 이외에 관심을 갖고 잘할 수 있는 분야를 찾다 부동산 공부를 만났습니다. 그녀 같은 서민들에게 열심히 일만 하는 것이 아닌 부동산에 대해 관심 갖는 것이 너무나 중요함을 깨닫게 되어 이 채널을 운영하게 되었습니다.

After

강혜정 님은 퍼스널 브랜딩 6기 과정을 통해 '서민청약 가이드'라는 브랜드 콘셉트를 정립하고, 서민들이 부동산을 통해 투자 성과를 내는 데가장 효과적인 것은 '청약'임을 깨닫고 부동산 청약 전문 채널을 운영하게 되었습니다. 의외로 많은 사람들이 청약에 대해 아는 게 별로 없음을깨닫고, 청약 제도와 청약 일정, 세금과 대출, 변경되는 정부 정책 등 서민들이 지속적으로 관심 갖고 공부해 청약을 통해 내 집 마련을 하는 데도움을 주기 위해 채널을 열심히 운영하고 있습니다.

주요 주제로는 청약 일정 소개, 청린이 탈출 청약 제도 정리, 부동산세금 & 국세청 100문 100답, 부동산 도서 리뷰 등 청약을 잘 모르는 서민들에게 알짜배기 정보들을 제공하고 있습니다. 현재 부동산 공인중개사시험을 1차, 2차 모두 합격한 후 지속적으로 부동산 공부를 하며 알게 된내용들을 영상을 통해 사람들에게 전하고 있습니다.

영상의 주제와 관련 키워드를 유튜브 썸네일과 제목들에 반영해 채널을 잘 운영 중에 있습니다. 자신과 같은 서민들이 청약을 이해하고 청약을 통해 내 집 마련과 부동산 자산을 획득하는 것에 헌신을 가지고, 자신의 경험을 유튜브를 통해 지속적으로 전하고 있습니다.

유튜브 사례 #02

청렴메신저
권수일의 청실남TV

Before

'청렴을 실천하는 남자'라는 의미를 가진 청실남TV 유튜브를 운영하는 권수일 대표님의 사례입니다. 대학에서 근무하면서 동시에 청렴교육 강사로 활동하고 있습니다. 저랑 비슷한 시점에 유튜브를 시작하셔서, 제 유튜브에 댓글을 달면서 인연이 되었습니다.

After

퍼스널 브랜딩 과정을 통해 '청실남'이라는 닉네임에서 '청렴메신저'라는 퍼스널 브랜딩 콘셉트로 브랜드 정체성을 다시 정립하였습니다. 유튜브를 통해 지금까지 청렴 교육 관련 영상을 지속적으로 발행하고 있습니다. 이 계정의 가장 주된 기능은 청렴 교육 현장에서 실제 촬영한 영상을 유튜브에 소개함으로써, 청렴 교육 강사를 찾고 있는 기관과 기업에게

확실한 레퍼런스를 제공하고 있습니다. 그 외에도 '청탁금지법의 오해와 진실'이라는 주제로, 일반인들이 헷갈려 하는 청탁금지법에 대한 내용을 실사례를 통해 이해하기 쉽게 정보를 전달하고 있습니다. 관련 채널로 블로그 채널을 링크 걸어, 검색 기반 SNS 채널인 블로그와 유튜브를 연계하여 운영하는 부분도 특징입니다.

　강의 담당자들이 네이버 검색을 통해 블로그를 발견하고, 블로그와 연결된 유튜브를 통해 청렴 교육 강사로서의 자질과 역량을 확인한 후, 바로 강의 의뢰를 요청합니다. 지금은 권수일 대표님 혼자 소화하지 못할 정도로 강의와 컨설팅 의뢰가 상당히 많이 들어온다고 합니다.

100명의 1인 기업가를 만든
SNS 퍼스널 브랜딩의 비밀

★ 퍼스널 브랜딩 이후 변화

퍼스널 브랜딩 과정 이전과 이후 어떤 변화와 성장을 겪었는지 컬러핏

뷰티멘토 김진선 대표님께 질문을 드려 봤습니다.

퍼스널 브랜딩 전

Q. 일상은 어땠나요?

A. 할 일에 치여 급급함으로 하루하루를 살았어요.

Q. 어떤 불편함이나 어려운 점이 있었나요?

A. 메이크업이나 퍼스널컬러가 오프라인은 활발한데, 온라인 홍보가
   안 되어서 온라인을 통해 일 의뢰가 들어오지는 않았어요.

Q. 그럴 때 어떤 기분이었나요?

A. 온라인 마케팅을 해야 하는 것은 아는데, 어떻게 시작해야 할지 막
   막했어요.

Q. 그렇다면 퍼스널 브랜딩 과정에서 가장 기대하는 것은 무엇인가요?

A. 나에 대해 관심 갖고, 나를 알아가는 과정을 경험했으면 해요. 그리
   고 내가 진짜 해야 할 일을 분명하게 하고 싶어요.

퍼스널 브랜딩 후

Q. 본 과정을 통해 무엇을 얻게 되었나요?

A. 나란 사람이 어떤 사람인지가 분명해졌어요. 저의 정체성을 갖게
   되었고요. 지금 하고 있는 일에 특별한 의미를 두지 못했는데, 제가
   왜 이 일을 하는지에 대한 분명한 이유를 알게 되었어요.

Q. 과정 이후에 삶에 어떤 변화가 느껴지나요?

A. 고객이 온라인을 통해 스스로 나를 찾아온다는 확신을 갖게 되었어요. 어떻게 고객이 나를 찾아올 수 있는지 이해하고, 그 방법을 알게 되니 급급함이 사라졌어요.

Q. 지금은 어떤 기분이 드나요?

A. 나는 할 수 있다. 그리고 더 잘하고 싶다는 생각이 들어요.

Q. 퍼스널 브랜딩 과정 이후 경험한 성과나 에피소드가 있다면 알려주세요.

A. 인스타그램 리뉴얼을 하고 퍼스널 컬러 문의와 예약이 19건이 들어왔어요. 지속적으로 월 매출 최고 신기록을 찍고 있어요.

Q. 마지막으로 어떤 분에게 퍼스널 브랜딩 과정을 추천하고 싶나요?

A. 잘하고 싶지만 막막한 분들에게 추천하고 싶어요.

김진선 님은 지금 온라인을 통해 강의와 컨설팅 문의가 끊임없이 오고 있습니다. 한 달 스케줄이 아침부터 저녁까지 꽉 채워져, 스케줄을 소화하기에 힘들 정도라고 합니다.

그녀가 하는 일은 그대로이지만, 자신이 원하는 모습을 퍼스널 브랜드로 분명하게 정의하고, 온라인상에 자신의 이야기를 시작한 것뿐인데 비즈니스의 큰 성장을 경험하게 되었습니다.

제주도에서 퍼스널 컬러, 메이크업이 필요한 많은 분들이 온라인을 통해 알아서 그녀를 발견하고, 알아서 연락을 하고 있습니다. 현재 김진선 님은 파트너 강사를 양성해 비즈니스를 확장해 나가고 있습니다. 어떤 분들에게 퍼스널 브랜딩을 꼭 하라고 추천해 주고 싶냐는 질문에, 그녀는 그녀처럼 잘하고 싶지만 막막한 분들에게 추천드린다고 이야기해주셨습니다.

★ SNS 퍼스널 브랜딩의 비밀

코끼리와 말뚝 이야기를 아시나요? 서커스단에 있는 코끼리는 어릴 때부터 서커스가 끝나면 발목을 말뚝에 매어 두었다고 합니다. 그렇게 자란 코끼리는 몸무게가 5톤이 나가는 큰 체구로 성장해서도 말뚝을 뽑고 도망갈 생각을 조금도 하지 않는다고 합니다. 이유는 아주 어렸을 때부터 말뚝에 묶인 채로 길들여졌기 때문입니다.

물론 코끼리가 처음 태어났을 때는 마음대로 뛰어다닐 수 있었습니다. 어느 날부터 사육사가 발에 굵은 쇠사슬을 채우고 쇠사슬의 한쪽 끝을 튼튼한 나무 기둥에 묶어 둔 거죠. 아기 코끼리는 사슬을 벗어나려 힘을 썼지만 불가능하다는 것을 배우게 됩니다. 다 자란 코끼리가 말뚝 하나 뽑을 힘이 없을까요? 그럴 힘이 있음에도, 이미 길들여져서 노력조차 하지 않을 뿐입니다.

사람들은 저마다 자신이 원하는 삶과 하고 싶은 일이 있습니다. 하지만 오랜 시간 동안 자신에게 주어진 환경에 적응해, 조직과 가족 안에서 주어진 역할을 해내야 한다는 생각에, 자신이 정말로 원하는 일에 관심 갖는 것을 미루어 왔습니다. 퍼스널 브랜딩에서는 나 자신에 대한 관심을 토대로 나를 탐색해보는 시간을 갖습니다. 내가 정말 원하는 일이 무엇인지 말이죠.

그리고 자신이 보지 못했던 자신 안에 숨겨져 있던 관심과 헌신을 발견합니다. 그리고 지금껏 '나는 이게 부족해, 나는 환경이 안 돼'라는 말로 자신을 묶어 두었던 기둥에서 벗어나게 됩니다. 자신이 원하는 삶의 모습을 정의하게 되면, 그 옷을 꼭 입고 싶다는 열망을 발견하게 됩니다. **내가 진정으로 원하는 삶을 현실로 만들기 위한 퍼스널 브랜딩 전략을 수립하고, SNS를 통해 노력의 과정을 꾸준히 기록하세요. 여러분이 알지 못했던 온라인상의 수많은 기회들이 여러분을 찾아오게 될 것입니다.**

SNS로 세상에 나를 알리는 사람들이 함께하는 곳

★ 퍼스널 브랜딩의 시작

지금까지 퍼스널 브랜딩에 대한 방법들과 사례들을 살펴봤습니다. 앞서 보여드린 사례들을 통해 '나도 가능하겠는데.'라고 생각하는 분이 있는가 하면, '과연 나도 할 수 있을까?'라고 자신을 의심하는 분들도 있을 텐데요.

여기서 중요한 한 가지는 '나는 정말 내가 원하는 일을 정의하고 퍼스널 브랜딩을 시작하기를 원하는가?'라는 질문에 답을 해 보셨으면 합니다. 이 질문에 Yes를 외치신 분이라면 누구든 퍼스널 브랜딩이 가능합니다.

봉준호 감독이 수상 소감 중에 했던 이야기가 있는데요. "가장 개인적인 것이 가장 창의적이다."라는 말입니다. 퍼스널 브랜딩도 마찬가지입니다. 여러분 자신이 브랜드가 되는 과정이기 때문에 여러분만이 할 수 있는 일, 여러분의 라이프 스타일, 취미, 관심사가 가장 좋은 콘셉트의 주제가 됩니다. 너무 어렵게 접근하지 마세요.

> **퍼스널 브랜딩은**
> **자신의 관심 주제부터 시작해 보세요.**

업무 관심사 ························ 엑셀의 신

육아 관심사 ························ 엄마표 미술선생님

재능 관심사 ························ 셀프 인테리어의 샛별

취미 관심사 ························ 직장인 경매왕

예를 들어 업무 중에 엑셀을 자주 다루며 남들보다 엑셀을 잘한다면, '엑셀의 신'이라고 콘셉트를 잡고 엑셀을 잘하고 싶은 사람들을 돕는 일을 하며 브랜딩을 할 수 있습니다. 누구나 다 하는 육아 같지만 내가 미술놀이를 해줄 때 우리 아이 집중력이 특히 높아지는 경험을 했다면, '엄마표 미술 선생님'이라는 콘셉트로 관련 콘텐츠를 발행하면서 도움이 필요한 사람들이 찾아올 수 있게끔 SNS 채널을 잘 운영하는 것. 이런 것들이 다 퍼스널 브랜딩의 시작이 됩니다. 나는 잘하는 게 없어서, 특별한 게 없어서라는 생각은 이제 떨쳐버리고, 내가 좋아하고 관심이 생기는 주제부터 시작하면서 그 과정을 온라인상에 남겨 나가 보시기 바랍니다.

★ BTS가 최고의 브랜드가 된 이유

> 퍼스널 브랜딩이란
> 성공하고 나서 시작하는 것이 아니다.
> 성공을 위한 노력의 과정을 보여줄 때
> 좋은 평판을 얻는 진정한 브랜드가 될 것이다.

퍼스널 브랜딩은 성공하고 나서 시작하면 늦습니다. 아니 성공하고 나서 퍼스널 브랜딩을 하려면 수많은 기회들을 놓칠 수 있습니다. 관심 주제를 정했다면 그때부터 시작해야 합니다.

BTS가 최고의 브랜드가 된 이유는 무엇일까요? BTS는 데뷔 시절부터 각 멤버들의 모습을 온라인상에 공개해 왔습니다. BTS의 처음 모습은 어땠을까요? 처음의 모습 없이 지금의 모습이 만들어질 수 있었을까요? BTS 멤버들에게는 다른 가수들이 가지고 있지 않은 분명 특별한 것이 있었습니다. 그들이 원하는 위치에 오르기까지의 피나는 노력, 좌절에도 다시 도전해 왔던 모습, 처음의 모습과 성장하는 과정에서 그들의 생각들이 모두 온라인상에 공유되면서 팬들과 함께할 수 있었습니다. 그냥 노력만 한 것이 아니라, 자신의 노력 과정을 온라인상에 볼 수 있게 기록했다는 겁니다. 사람들은 그 모든 과정을 지켜보았기 때문에 그들에게 더욱 공감하고 응원하는 팬이 될 수 있었습니다. 그들이 사람들의 환호를 받는 것은 잘생기고 노래를 잘한다는 이유도 있었겠지만 그것보다 더 강력한 것은 진정성 있는 노력의 과정이 있었기 때문입니다.

바로 성공을 위한 노력의 과정을 보여주는 것, 여러분이 사람들에게서 좋은 평판을 얻고 진정한 브랜드가 되는 방법입니다. 어느 날 갑자기 혜성처럼 나타난 스타보다, 조금씩 성장하고 목표한 것들을 이루어 내는 여러분들의 모습을 지켜볼 때 잠재고객은 여러분의 찐팬이 될 것입니다.

★ 공감마케터의 퍼스널 브랜딩 FLOW

퍼스널 브랜딩은 단기간에 이루어지지 않습니다. 노력의 과정과 성장의 과정 그리고 나눔의 과정을 거쳐서 다듬어지고 만들어집니다.

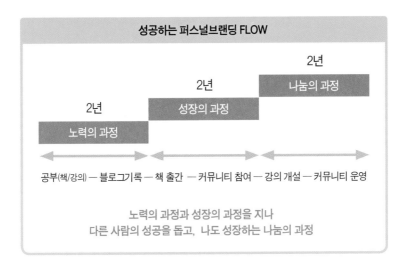

예를 들어 퍼스널 브랜딩의 시작은 자신의 관심 주제에 대해 공부하고 기록하는 노력의 과정을 거칩니다. 그 시간을 통해 어떤 일을 하고 싶은지 분명해지며, 자신이 어떤 사람에게 도움을 주고 싶은지 발견하게 됨

니다.

두 번째 성장의 과정에서는 지금까지 쌓아온 지식과 경험을 정리해 콘텐츠를 발행하거나 책을 출간하며 준전문가로 성장합니다.

다음으로는 해당 주제로 더 많은 사람들에게 도움을 주기 위해 강의를 개설하고 커뮤니티를 만들어 운영하는 나눔의 과정을 경험합니다.

결국 남들과 다를 것 없어 보였던 내가 꿈과 목표를 정하고 거기에 조금씩 다가가는 모습을 통해 사람들의 신뢰와 믿음, 응원을 얻습니다. 꿈과 목표를 이루고 나의 삶을 스스로 변화시키는 모습을 지켜본 사람들은 감동하고 기꺼이 나의 팬이 되어줍니다. 그리고 비로소 이 모든 경험을 나의 도움이 필요한 사람들에게 나누며, 사람들의 머릿속에 강력한 브랜드로 기억되게 됩니다.

퍼스널 브랜딩의 효과, '고객이 알아서 찾아온다.' 잊지 않으셨죠? 지금은 좋아하는 일을 꾸준히 하는 평범한 사람들이 브랜드가 될 수 있는 세상입니다. 여러분 모두가 그 주인공이 되셨으면 합니다.

★ SNS로 세상에 나를 알리는 사람들이 함께하는 곳 '세나시 브랜딩 스쿨'

세나시 브랜딩 스쿨은 자기 탐색을 통해 '나'라는 브랜드를 정립하고, 자신이 원하는 미래의 모습을 브랜드 비전으로 선언하고, 그 모습이 되고자 함께 노력하는 사람들의 커뮤니티입니다.

블로그, 인스타그램, 유튜브 마케팅을 이해하고, 온라인 채널을 통해

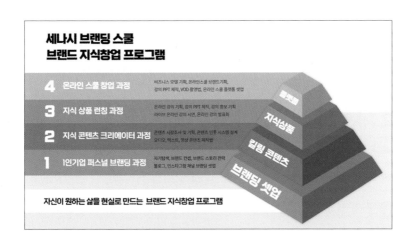

세나시 브랜딩 스쿨
브랜드 지식창업 프로그램

자신이 원하는 삶을 현실로 만드는 브랜드 지식창업 프로그램

자신의 노력의 과정을 콘텐츠로 발행하고, 나라는 브랜드를 알리기 위한 다양한 콘텐츠를 지속적으로 발행할 수 있는 환경 시스템을 제공합니다. 퍼스널 브랜딩에 이어 프로젝트 런칭 및 온라인 강의 개설 등 지식을 수익화할 수 있는 과정을 통해 브랜딩과 함께 수익을 창출합니다.

단순히 돈을 벌기 위한 부업 커뮤니티와 달리, 나라는 브랜드의 명확

한 정립과 함께 자신의 고객을 정의하고 고객의 문제점을 해결하는 가이드로 성장하기 위한 지식 상품 런칭, 콘텐츠 제작, 브랜드 창업 등 다양한 프로그램을 운영하고 있습니다.

선한 연대로 함께 성장하는 세나시 브랜딩 스쿨에 초대합니다. 자신이 정말로 원하는 삶의 모습과 자신의 가슴을 뛰게 하는 일을 정의하고, 지속적으로 해당 분야에서 롤모델로 성장하기 위한 사람들과 함께하세요. 이 책을 통해 용기와 희망을 갖고 차근차근 변화의 과정을 만들어 나가시길 진심으로 응원하겠습니다.

★ 도서 이벤트 참여하고 보너스 자료 받기

마지막으로 이 책을 읽고 세나시 브랜딩 스쿨 카페에 오셔서 각각의 미션을 수행해 주세요. 또한 책 리뷰를 SNS에 자유롭게 남기고, 인증해 주시면 작성자 전원에게 퍼스널 브랜딩 보너스 자료집을 보내드립니다.

★ 책을 읽고, 실행하는 방법

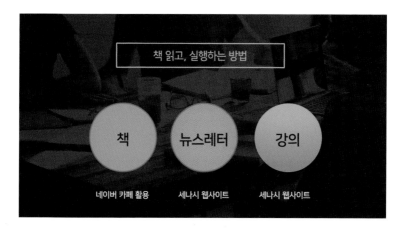

1) 책 읽고, 미션 노트 작성 (세나시 네이버 카페 활용)

책을 읽은 후 PART 6의 미션 노트를 작성합니다. 세나시 네이버 카페에 가입해, 게시판에 미션 과제를 작성해 보세요. 다른 분들의 과제에 댓글로 소통하며, 책에서 얻은 것들이 더 분명해지는 시간을 가져보세요.

※ 세나시 네이버 카페 https://cafe.naver.com/senasischool

2) 세나시 뉴스레터 구독 (세나시 웹사이트 활용)

퍼스널 브랜딩에 대한 지속적인 콘텐츠를 무료로 받아 볼 수 있는 세나시 뉴스레터를 구독하세요. 마케팅 아티클과 영상 등 다양한 형태의 콘텐츠들이 이메일로 찾아갑니다.

※ 세나시 웹사이트 https://www.senasi.co.kr

3) 온라인 강의 수강 (세나시 웹사이트 활용)

책과 뉴스레터에서 익힌 내용들을 실행하는 데 도움을 얻고 싶다면, 세나시 브랜딩 스쿨의 온라인 강의에 참여하세요. 배우고 실행하는 퍼스널 브랜딩의 최적의 환경에서, 원하는 결과를 만드는 데 도움을 드립니다.

※ 세나시 웹사이트 https://www.senasi.co.kr

그 어떤 지식도 실행하지 않으면 무용지물입니다. 가장 중요한 것은 실행하는 것입니다. 책을 읽고 세나시 브랜딩 스쿨에 플러그인 되어 실행 에너지를 높여 보세요.

세나시 브랜딩 스쿨에서는 퍼스널 브랜딩에 관련한 정보를 지속적으로 제공해 드리고 있습니다. 삶이 곧 브랜드가 되는 과정을 함께할수록 더 큰 힘이 되실 거예요. 여러분의 '나'라는 브랜드의 시작을 항상 응원합니다.

책 과 관련한 업데이트 소식이 궁금하다면

https://litt.ly/personal_branding

PART 6

고가 강의에서 제공했던
SNS 퍼스널 브랜딩
미션 노트

브랜드 콘셉트 만들기

브랜드 콘셉트 만들기 미션

미션 1. 자기 탐색 〈나의 인생 기상도〉

미션 2. 자기 탐색 〈나에게 질문하기〉

미션 3. 하고 싶은 일 찾기 & Check Point

미션 4. 브랜드 콘셉트 설명문 & 브랜드 콘셉트

미션 1. 자기 탐색 〈나의 인생 기상도〉

나의 인생 기상도를 작성할 때는 10년 단위로 구분을 해서 작성하는 것이 좋습니다. 40대라면 10대, 20대, 30대, 40대로 구분하고, 만약 여러분이 20대라면 5년 단위로 여러분의 인생을 되돌아보면서 작성하면 됩니다. 각각의 기간에 맞는 여러분의 인생의 날씨를 표현하고, 그 기간 동안 여러분에게 있었던 가장 기억나는 일들을 작성하면 됩니다.

미션 1. 나의 인생 기상도

10대   • 날씨:

        • 스토리:

20대   • 날씨:

        • 스토리:

30대   • 날씨:

        • 스토리:

40대   • 날씨:

        • 스토리:

세나시 네이버 카페 활용법

세나시 브랜딩 스쿨 카페 게시판에 여러분이 작성한 인생 기상도를 올려 주시면 다른 분들의 내용들을 같이 보면서 소통을 나눌 수 있어 서로에게 큰 힘이 됩니다.

미션 2. 자기 탐색 〈나에게 질문하기〉

다음 네 가지 질문에 여러분의 답을 써보는 것이 두 번째 미션입니다. 인생 기상도를 꼭 작성 완료한 후에 질문에 답을 해주시기 바랍니다. 이 두 번째 과제도 작성하셔서 카페에 올려주세요.

미션 2. 나에게 질문하기
1. 나의 삶의 목적은 무엇인가?

2. 삶에서 가장 중요하게 여기는 가치는 무엇인가?

3. 나는 어떤 일을 할 때 열정적인가?

4. 나를 다른 사람과 다르게 만드는 것은 무엇인가?

미션 3. 하고 싶은 일 찾기

세 번째 미션은 먼저 내가 잘하는 일, 좋아하는 일, 보람되었던 일들을 브레인스토밍하듯 나열해 보세요.

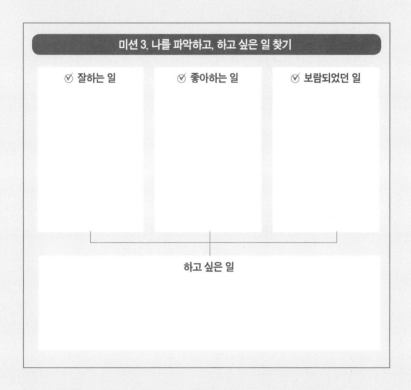

이렇게 작성하고 나면 여러분이 하고 싶은 일이 정리가 됩니다. 마지막으로 하고 싶은 일에 대한 체크 포인트에 답해 봅니다.

> 미션 3-1. 하고 싶은 일 CHECK POINT

01. 나의 꿈이 되는 일인가?
02. 세상이 원하는 일인가?(사람에게 도움이 되는 일인가?)
03. 나의 강점을 활용하는 일인가?

미션 4. 브랜드 콘셉트 설명문 & 브랜드 콘셉트

이제 여러분의 브랜드 콘셉트 설명문을 직접 작성해 보는 겁니다. 마찬가지로 과제는 작성해서 카페에 올려주시고, 다른 사람들은 어떤 콘셉트를 어떻게 잡았는지, 나와는 어떻게 다른지도 참고해보면 도움이 됩니다.

브랜드 콘셉트 설명문은 우선 자기 탐색을 통해 여러분의 삶을 되돌아보고 그 삶 안에서 나는 어떤 경험을 했고 뭐에 가치를 두고 있는 사람인지 브랜드 콘셉트의 근거를 찾아봅니다. 그런 근거를 토대로 나는 어떤 사람에게 어떤 도움을 주고 싶은지, 어떤 사람에게 어떤 도움을 줄 수 있는지, 타깃과 타깃에게 제공할 수 있는 혜택을 적어 보세요. 마지막으로 그렇다면 나라는 사람은 어떤 분야에서 어떤 역할을 하고 싶은 사람인지 정의하는 콘셉트 설명문을 완성해 보는 것입니다.

미션 4-1 브랜드 콘셉트 설명문	
Idea	어떤 근거로
Target	누구에게
Benefit	어떤 혜택을 주는
Positioning	어떤 분야에 어떤 사람이다.

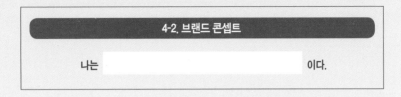

4-2. 브랜드 콘셉트
나는 _____ 이다.

여기서 알아두어야 할 것은, 처음부터 내 마음에 드는 그런 문장과 콘셉트가 만들어지지 않습니다. 초안을 작성하고 지속적으로 들여다보며 수정하는 것을 추천드립니다. 또는 혼자서 정의하기 힘들다면 세나시 브랜딩 스쿨 퍼스널 브랜딩 과정을 통해 도움을 받으실 수도 있습니다.

세나시 브랜딩 스쿨 웹사이트

* 세나시 브랜딩 스쿨 웹사이트
https://www.senasi.co.kr

브랜드 스토리 만들기

미션 5. 브랜드 스토리 만들기

어느 누가 들어도 사람들의 고개를 끄덕이게 만드는 브랜드 스토리를 만들어 보는 것이 이번 미션입니다. 여러분의 삶을 되돌아보고, 앞에 콘셉트로 잡았던 주제와 관련해서 연관된 삶의 경험들을 찰찰찰 방식으로 작성해 보세요.

미션 5. 브랜드 스토리 만들기 STORY TELLING

관찰 - 이런 일이 있었다

성찰 - 이런 생각이 들었다

통찰 - 이런 의미, 가치를 발견하고 배웠다

과거의 경험을 관찰해 보며, 여러분에게 있었던 일을 떠올려 보세요. 그 일과 관련해서 여러분이 들었던 생각을 적어보세요. 그 경험과 생각 안에서 여러분은 어떤 의미를 발견하셨나요? 여러분의 브랜드 스토리를 작성해서 카페에 올리고, 다른 분들의 스토리도 함께 보면서 영감을 얻으시기 바랍니다.

```
관찰




성찰




통찰



```

미션 6. 만다라트 표 작성하기

이렇게 브랜드 스토리를 만들어 보았다면, 이제는 사람들에게 여러분의 브랜드를 인지시키기 위해 앞으로 노력해나가야 할 과정을 설계해야 합니다. 그것이 이번 미션 만다라트 작성입니다. 간단해 보이지만 실제로 해 보면 생각보다 시간이 많이 걸립니다. 정말 나 자신에 대해 집중하고 고민해서 작성해야 합니다. 얼마나 고민하며 작성했는지 여부가 여러분의 브랜딩 성과를 좌우하기 때문입니다. 진심으로 고민을 해주시기를 바랍니다. 집중이 필요하다면 집 근처 카페에 가서, 만다라트 표와 실행 리스트를 찬찬히 작성해 볼 바랍니다.

미션 6. 만다라트 표 작성하기

	목표1			목표2			목표3	
			목표1	목표2	목표3			
	목표4		목표4	꿈	목표5		목표5	
			목표6	목표7	목표8			
	목표6			목표7			목표8	

만다라트 표를 다 작성하고 나면, 미래에 대한 기대감에 설렙니다. 이제 이것을 가지고 실행해나가면 됩니다. 실행할 생각을 하면 좀 신나지 않나요? 물론 꾸준함이 정답이긴 합니다. 이렇게 전략을 가지고 실행하는 것과 전략 없이 우왕좌왕 실행하는 것은 정말 큰 차이가 있음을 잊지 마시기 바랍니다.

미션 7. 브랜드 실행 전략

만다라트 표에 작성한 것이 현실이 되기 위해서는 선택과 집중이 필요합니다. 8가지 중간 목표를 정했지만, 여러분이 현재 집중할 3가지를 선택하세요. 그리고 3가지 중간 목표를 달성하기 위해 당장 해야 할 일부터 리스트업을 해주세요. 그리고 언제까지 이 목표를 이루고 싶은지 브랜드 전략의 실행 데드라인을 정한 후, 역으로 각각의 실행 계획 데드라인을 적어주세요.

미션 7. 브랜드 실행 전략

꿈

중간 목표

⇒ **전략**

해야할 일

⇒ **실행 리스트**
(할 일/데드라인)

브랜드 콘텐츠 만들기

브랜드 콘텐츠 만들기 미션

미션 8. 브랜드 콘텐츠 주제 선정하기

미션 9. 브랜드 콘텐츠 기획하기

미션 10. 브랜드의 주력 분야, 키워드 선정하기

미션 8. 브랜드 콘텐츠 주제 선정하기

여러분의 브랜드 콘텐츠 주제를 선정해 보세요. 여러분의 타깃 고객은 누구인지, 그들이 어떤 문제를 가지고 있는지, 그들이 정말 원하는 것이 무엇인지, 그래서 그 타깃의 문제 해결을 돕기 위해 여러분의 콘텐츠 주제를 무엇으로 삼을지를 작성해 봅니다. 세나시 브랜딩 스쿨 카페에 들어오셔서 작성한 내용을 올려서 서로 소통하고 함께 으쌰으쌰 해서 마지막까지 멋진 브랜드 셋업을 함께 이루시기 바랍니다.

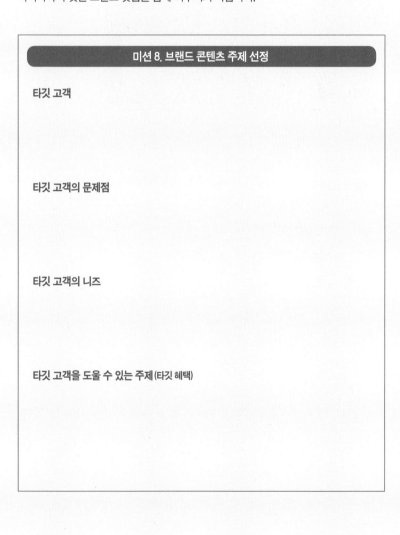

미션 8. 브랜드 콘텐츠 주제 선정

타깃 고객

타깃 고객의 문제점

타깃 고객의 니즈

타깃 고객을 도울 수 있는 주제 (타깃 혜택)

미션 9. 브랜드 콘텐츠 기획하기

이번에는 여러분의 브랜드 콘텐츠를 기획합니다. 앞서 콘텐츠 포트폴리오로 4가지 유형의 콘텐츠를 소개했습니다. 잠재고객에게 유용한 정보를 제공하는 정보성 콘텐츠, 나와 나의 상품, 서비스를 홍보하는 홍보성 콘텐츠, 나의 일상 콘텐츠, 소비자들의 후기를 담는 소비자 콘텐츠입니다. 이상 4가지 콘텐츠에 대한 소재들을 다음 분류별로 작성해 보세요.

미션 9. 브랜드 콘텐츠 기획
정보성 콘텐츠
홍보성 콘텐츠
일상형 콘텐츠
소비자 콘텐츠

미션 10. 브랜드의 주력 분야, 키워드 선정하기

다음으로 브랜드의 주력 분야와 주력 시장을 정의해 봅니다. 여러분 또는 여러분의 상품과 서비스는 어떤 키워드의 검색 결과로 노출되었으면 하는지를 정하는 것입니다. 온라인에 검색되는 나를 만들기 위한 키워드, 여러분의 주력 분야를 꼭 작성해보시기 바랍니다.

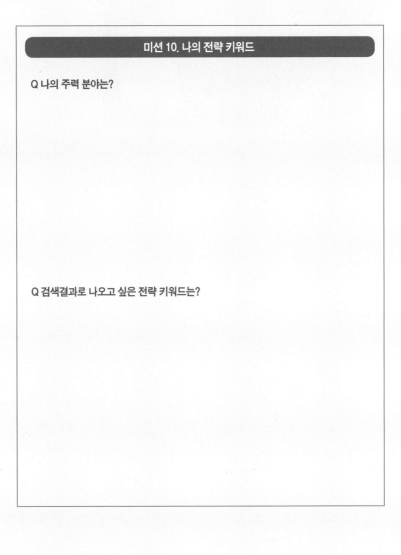

미션 10. 나의 전략 키워드

Q 나의 주력 분야는?

Q 검색결과로 나오고 싶은 전략 키워드는?

브랜드 전략 채널 기획하기

브랜드 채널 셋업 미션

미션 11. 브랜드 SNS 전략 채널 기획

미션 11. 브랜드 SNS 전략 채널 기획

마지막 미션은 지금까지 여러분이 만들어 온 브랜드 콘셉트, 스토리, 콘텐츠를 기획했던 내용들을 모두 반영해서 여러분의 SNS 전략 채널 기획서를 작성해 보는 것입니다.

먼저 SNS 채널을 운영하는 목적이 무엇인지 명확히 하고, 그 목적을 이루기 위한 측정 가능한 목표를 세웁니다. 구체적으로 어떤 수치로 3개월 단기 목표, 1년 장기 목표를 이룰 것인지 결정합니다. (예: 팔로워 수, 콘텐츠 발행 수, 인기 해시태그 노출 / 방문자 수, 전략 키워드 상위 노출 수 등)

브랜드 콘셉트 정립 부분에서는 여러분의 브랜드 콘셉트를 명확하게 보여줄 채널의 사용자 이름을 설정하고, 채널 운영의 잠재고객인 타깃층을 규정하고, 채널을 어떤 주제의 전문 채널로 포지셔닝할 것인지, 채널에서 고객에게 제공하는 유용한 콘텐츠인 킬링 콘

미션 11. SNS 전략 채널 기획서

분류	항목	내용	
운영 목적	채널 운영 목적		
	채널 운영 목표	1년	
		3개월	
콘셉트 정립	채널 사용자 이름		
	타깃층		
	채널 제목		
	킬링 콘텐츠 주제		
	프로필 소개글		
운영 전략	차별화 전략		
	운영정책		

텐츠의 주제를 무엇으로 삼을 것인지 정하고, 프로필 페이지에 자신을 소개하는 짧고 분명한 글을 작성해 봅니다.

그리고 마지막 운영 전략 부분에서는 다른 유사한 채널과 어떻게 차별화되게 운영할지에 대한 내용과 운영 정책을 정합니다. 예를 들면 콘텐츠를 올리는 주기를 정하거나 콘텐츠 유형별로 비중을 정해놓을 수 있습니다. 여러분이 정한 기준과 정책들을 적어주시면 됩니다.

세나시 브랜딩 스쿨 카페에 들어와 끝까지 다른 분들과 함께해주시길 바랍니다. 저는 이 책과 세나시 브랜딩 스쿨을 통해 여러분의 퍼스널 브랜딩의 출발을 열심히 돕겠습니다.

퍼스널 브랜딩으로
'나'라는 이름으로 삶을 살아가고 있는 사람들

세상에 **나**를 알리는 **시간**

ESG 펄처 마스터
김창준

자식창업 비긴메이트
서림

부동산 비전메신저
윤제현

디지털 리터러시 멘토
길김자

스마트 포비센터
하자린

여성 리더 라이프코치
나영주

엄마 작가 메이커
백미정

N잡하는 영어강사
홍민경

괜찮아 희망 가이드
권미주

고마워 디자이너
최덕분

청렴 메신저
권수일

셀프 건강 마스터
박경자

국가대표 우슈마스터
천미연

278

유스 라이프 멘토

한효원

디지털 비쥬얼라이저

김라미

라이브 비즈니스 멘토

최영자

시너지 큐레이터

황은주

드림 메신저

김자영

리얼 뷰티 파인더

최민숙

SNS 성장 마케터

김유선

빅리셋 코치

심효연

바인더 경영 컨설턴트

조미선

이미지 소통가

김지연

중년건강코치

최영준

라온 플로리스트

이유미

리딩 와이즈 영어멘토

김형찬

서민 청약 가이드

강혜정

스태킹 활력 메신저

진은영

스몰스텝 엄마코치

김지혜

아티 잉글리시 에듀테이너

김유진

아웃풋 영어멘토

김영희

암예방 식습관 가이드

권기면

ESG 체인지 메이커

김창준

하프타임 디렉터

송철우

컬러핏 뷰티멘토

김진선

마음 회복 동행자

서말임

마인드 컬러마스터

선 학

스마트 프리젠터

허지연

디지털 리터러시 멘토

길경자

부동산비전멘토

윤세련

지식창업 비긴메이트

서 림

가족 경영 소통가

김정미

리얼 라이프 인사이터

선미정

디지털 교육 마스터

권미용

중국어 리터러시 멘토

박귀홍

지금은

좋아하는 일을 꾸준히 하는

평범한 사람들이 브랜드가 될 수 있는 세상입니다.

이 세상 가장 멋진 브랜드로의

성장을 응원합니다.

———————————

브랜드앤피플

공감마케터 최은희 올림

당신이 진정으로
원하는 삶을 현실로 만드세요

퍼스널 브랜딩을 하고 싶다고 찾아온 한 분이 있었습니다. 몇 가지 질문을 드리며 그분의 관심사를 들여다보았습니다. 그분이 원하는 것은 퍼스널 브랜딩으로 알려져서, 돈을 많이 벌고 싶다는 것이었습니다. 하지만 무엇을 하고 싶은지? 관심 있는 분야는 무엇인지? 물었을 때, 그분의 대답은 돈을 잘 벌 수 있는 아이템을 찾고 있다는 것이었습니다. 아이템이 무엇이든 간에 자신을 멋지고, 비싸 보이는 상품으로 만들어 줄 것을 요청했습니다. 저는 정중히 요청을 거절했고, 두 가지 이유로 그분을 돌려보냈습니다.

첫 번째 이유는 퍼스널 브랜딩에 대해 잘못 이해하고 계셨습니다. 퍼널 브랜딩을 겉포장을 아주 멋지게 해서, 비싸 보이는 상품으로 만드는 것으로 여기는 사람들이 간혹 있습니다. 하지만 이 책에서 이야기하는 퍼스널 브랜딩은 이미지 메이킹이 아니라 한 사람의 삶의 이야기를 바탕으로 원하는 모습을 실제로 만드는 과정을 설계하는 것입니다. 바로 겉모습이 아니라 실제가 되어야 합니다.

두 번째 이유는 퍼스널 브랜딩에서 중요한 것이 자신의 진정한 관심사를 발견하고자 하는 의지인데, 그분에게는 그것이 빠져 있었습니다. 단순히 '돈을 벌기 위해서 어떤 것이든 한다.'가 아니라 자신의 삶의 경험과 가치관을 토대로, 내 마음을 뛰게 하는 주제를 발견하고자 해야 합니다. 나라는 사람이 세상의 어떤 문제를 해결하고 싶은지, 어떤 사람들을 돕고 싶은지 들여다보는 것, 바로 퍼스널 브랜딩은 나에 대한 관심사에서 시작해 세상을 바라보는 것이 중요합니다.

정리해 보자면, 퍼스널 브랜딩을 하고 싶다면, 자신이 진정으로 원하는 모습을 발견하고, 그것을 실제로 만들기 위한 의지와 노력이 필요합니다.

퍼스널 브랜딩의 시작

이제 이 책을 읽은 당신에게 해줄 이야기는 단 한 가지입니다. 이제 잠시 자신에게 시간을 주세요. 지금껏 관심 갖지 않았던 자신에 대해 들여다보고, 분명해진 당신과 함께 세상을 바라보세요. 당신이 몰랐던 당신만의 존재 가치를 발견하고, 진정으로 원하는 삶이 현실이 되는 퍼스널 브랜딩을 시작하세요.

'세상에 나를 알리는 시간' 환경 안에 자신을 넣기

변화를 결단했다면, 의지만으로 행동하는 것이 힘들 수 있습니다. 효과적인 것은 당신을 움직일 수 있는 환경 안에 넣는 것입니다. 책을 읽고 미션 노트를 완성하세요. 행동하고자 하는 분들을 위해 네이버 카페에 미션 노트를 기록할 게시판을 운영합니다. "세나시 브랜딩 스쿨 네이버 카페"를 검색해서 나라는 브랜드를 시작하고자 하는 사람들과 함께하세요.

행동 - 비행동 - 끝

지금껏 '나는 이래서 안 돼. 나는 아직 그런 것을 할 사람이 아니야.'라고 자신을 작은 사람으로 만들었다면, 이제 그것을 내려놓고 당신이 정말로 원하는 모습을 그려보세요. 그 모습은 행동하는 사람만이 가질 수 있습니다.

당신이 선택할 것은 행동할지, 행동하지 않을지입니다. 여러 가지 생각들과 감정들로 멈춰서 있을지, 내가 원하는 모습을 그리고 그 모습이 되고자 행동할지는 당신의 선택입니다. 하지만 저는 당신이 행동하기를 원합니다. 당신이 진정으로 원하는 삶을 현실로 만드는 데 이 책이 작은 보탬이 되기를 간절히 바랍니다.

당신의 퍼스널 브랜딩 멘토
공감마케터 **최은희** 올림